Friedl Hofbauer • Anna Melach

Griechische SAGEN

Menschen • Götter • Ungeheuer

Illustrationen von
Anke Eißmann

G&D

www.kinderbuchverlag.at

ISBN 978-3-7074-1063-1

In der neuen Rechtschreibung 2006

1. Auflage 2008

Illustrationen: Anke Eißmann
Printed in Europe

Inhalt

am Anna Melach
fh Friedl Hofbauer

Die Erschaffung der Menschen

Prometheus

Anfangs waren Erde und Meer von Fischen, Vögeln und Landtieren bevölkert, aber es gab noch keine Menschen. Götter gab es bereits, und auch Titanen. Die Titanen, mächtige Riesen, waren Kinder von Gaia und Uranos. Sie waren mit den Göttern des Olymp tödlich verfeindet.

Prometheus, der Sohn eines Titanen, war es, der die ersten Menschen schuf: Er formte sie aus Erde, denn er wusste, dass im Erdboden der Samen des Himmels schlummert. Von den Tieren nahm Prometheus gute und böse Eigenschaften und gab sie seinen Geschöpfen. Pallas Athene blies den Erdlingen dann göttlichen Atem ein, damit sie lebten und sich bewegten.

Doch diese ersten Menschen benahmen sich anfangs wie hilflose Puppen. Zuerst wohnten sie in dunklen Höhlen, Winter wie Sommer. Prometheus aber lehrte seine Erdlinge, wie man Steine behaut, Lehmziegel in der Sonne trocknet und Balken zimmert, und von nun an konnten sie in luftigen Häusern leben. Er zeigte ihnen, wie man Erze aus dem Berg bricht, Rosse zähmt und Schiffe baut. Und er lehrte die Menschen auch, die Sterne zu beobachten und sich nach dem Lauf der Gestirne zu orientieren. Von Prometheus lernten sie Zählen, Lesen und Schreiben und auch Träume zu deuten.

Nur Feuer hatten die Menschen noch nicht. Sie aßen alle Speisen roh und froren in kalten Nächten bitterlich.

Nun wurden auch die Götter auf die Menschen aufmerksam. Sie versprachen ihnen Schutz und verlangten dafür Verehrung und Opfer.

Prometheus hatte sich mit den Göttern nie gut verstanden. Eines Tages wollte er sie herausfordern. Im Namen der Menschen schlachtete er einen Opferstier und baute daraus zwei Haufen auf, in den kleineren gab er alle wertvollen Teile: Fleisch, Eingeweide, Fell und Speck. In den zweiten, den größeren Haufen tat er nur Knochen und Talg. Dann bat er Zeus, zu wählen.

„Wählt Zeus den kleineren, den wertvollen Haufen", dachte Prometheus, „dann behaupte ich, dass er gierig ist. Wählt er aber den größeren, dann sag ich ihm, dass er dumm ist."

Zeus durchschaute Prometheus. Er wurde sehr zornig und rächte sich bitter – nicht nur an Prometheus, sondern auch an dessen Geschöpfen: Zeus versagte den Menschen das Feuer. Prometheus aber, der immer zu den Menschen hielt, wollte den Menschen das Feuer verschaffen, damit sie gekochte und gebratene Speisen bereiten konnten und in den kalten, dunklen Nächten Licht und Wärme hatten.

Er griff nach dem langen Stängel eines Riesenfenchels und holte damit ein paar glühende Sonnenstrahlen von dem vorüberfahrenden Wagen des Sonnengottes Helios. Diese Glut brachte er den Menschen. Zeus tobte vor Wut, aber er konnte den Menschen das Feuer nicht wieder wegnehmen.

Doch er rächte sich auf andere Weise. Prometheus musste hilflos zusehen, was seine Erdlinge nun zu leiden hatten:

Zeus wies die Götter an, eine wunderschöne Jungfrau zu schaffen. Hephaistos, der Götterschmied, musste die Statue eines jungen Mädchens verfertigen. Athene kleidete sie in ein schimmerndes Gewand, Aphrodite gab ihr Anmut und Schönheit, Hermes, der Götterbote, verlieh ihr Sprache und Witz. So schufen sie gemeinsam die Jungfrau Pandora.

Darauf sammelten die Götter in einem schön verzierten Tonkrug Unheil bringende Gaben, die sollte Pandora den Menschen bringen. Es waren Krankheit, Neid, Sorgen, Trübsal und anderes Übel. Mit diesem unheilvollen Deckelkrug wurde Pandora zu den Menschen geschickt.

Dort hob sie den Deckel des Gefäßes, und sogleich verbreiteten sich Unheil und Elend über die ganze Erde. Als einzig gute Gabe schwebte zuletzt die Hoffnung aus dem Krug.

Diese Rache an Prometheus war Zeus noch nicht genug. Hephaistos musste den Titanensohn an eine Felswand des Kaukasusberges schmieden, hoch über einem Abgrund. Dort, so bestimmte Zeus, musste Prometheus für ewige Zeiten hängen, ohne Schlaf zu finden. Jeden Tag kam ein Adler, der ihm die Leber wegfraß, die immer wieder nachwuchs.

Erst viele Jahrhunderte später kam Herakles und erschoss den Adler mit einem Pfeil. Prometheus war frei. Er musste aber von nun an immer einen Ring mit einem Steinchen des Kaukasus tragen, damit er, wie Zeus es bestimmt hatte, für ewig an den Kaukasusfelsen geschmiedet blieb.

Das gastfreundliche alte Paar

Philemon und Baucis

Die Götter der Griechen pflegten immer wieder in das Schicksal von Menschen einzugreifen. Manchmal stiegen sie in Menschengestalt vom Olymp herab.

Eines Abends gingen Zeus und sein Sohn Hermes als ärmlich gekleidete Wanderer auf der Erde umher. Sie kamen in ein Dorf, klopften dort an alle Haustüren und baten um Brot. Doch keiner der Bewohner öffnete ihnen, überall wurden sie abgewiesen. Immer wieder hörten die beiden Götter Worte wie: „Ihr Nichtstuer! Ihr Tagediebe! Ihr seid wohl zu faul, um selber euer Brot zu verdienen?“ Und einer schrie sogar: „Der Blitz des Zeus soll euch treffen!“

Zeus und Hermes gingen weiter bis zu einer kleinen Hütte, die ein wenig abseits des Dorfes stand. Wieder klopften sie an die Haustür und baten um Brot. In der Hütte wohnten Baucis und Philemon, ein altes Ehepaar. Die alte Baucis lief sogleich und brachte den Gästen Brot und jedem einen Teller Suppe. Philemon bot ihnen seinen eigenen Strohsack als Nachtlager an und meinte:

„Ich kann auch eine Nacht auf dem Fußboden schlafen.“

Zeus und Hermes aßen das Brot und die Suppe. Dann erhoben sie sich und Zeus sprach:

„Wir danken euch, ihr habt mit Hungrigen eure karge Mahlzeit geteilt. Euer freundliches Angebot für ein Nachtlager können wir nicht annehmen, denn wir müssen weiter. Aber zum Dank für eure Gastfreundschaft will ich euch einen Wunsch erfüllen.“

„Wir haben keinen anderen Wunsch als beieinander zu sein", entgegnete Baucis, und Philemon fügte hinzu: „Wir sind wunschlos glücklich miteinander und fürchten nur eines: dass einer von uns vor dem anderen stirbt und der andere allein zurückbleiben muss."

„Das müsst ihr nicht fürchten", sprach Zeus. „Ich verspreche euch, ihr werdet zugleich und friedlich sterben, wenn die Zeit gekommen ist."

Darauf verließen die beiden Wanderer die Hütte und das Dorf und kehrten auf den Olymp zurück.

„Ich glaube, unsere Gäste waren Götter", sagte Baucis.

„Du hast recht, es müssen Götter gewesen sein, mit denen wir unser Brot geteilt haben", fügte Philemon hinzu.

In dieser Nacht sandte Zeus über das Dorf ein furchtbares Unwetter, in dem alle Blitze zündeten und die Donner so schrecklich krachten, dass die Berge ringsum zitterten. Wasser stürzte aus den wild gewordenen Bächen über das Dorf der grausamen Menschen und riss es fort. Die Hütte der beiden alten Leute aber verschonte Zeus und verwandelte sie in einen Tempel.

Philemon und Baucis lebten noch viele Jahre glücklich miteinander als Hüter des Tempels. Als der Tod ihnen nahte, starben sie an ein und demselben Tag und zur selben Stunde und wurden in Bäume verwandelt, Philemon in eine Eiche und Baucis in eine Linde. Die beiden Bäume umschlangen einander mit ihren Ästen und so blieben sie für immer beisammen.

Wie die Ungeheuer ins Meer kamen

Medusa und ihre Schwestern

Poseidon und die Meeresungeheuer

Poseidon, der Herr der Meereswogen, der Stürme, der Erdbeben und Seebeben war auch der Vater vieler Ungeheuer, die weit draußen im Mittelmeer und an seinen felsigen Küsten und in den klippenreichen Buchten hausten. Auch der einäugige Riese Polyphem war ein Sohn des Poseidon.

Die Seefahrt mit den hölzernen Segel- und Ruderschiffen war damals ein gefährliches Abenteuer. In Stürmen und Gewittern trieben die Schiffe oft hilflos in den Wogen oder wurden an Klippen und Felsen geschleudert. Aus den turmhohen Wellen und hinter Felsen und Steinklippen konnten riesige Ungeheuer auftauchen, sich auf Schiffe und Mannschaft stürzen und sie verschlingen. Es konnte auch geschehen, dass ein Schiff in einem Gewittersturm in fremde Meeresgegenden geriet und die Matrosen, knapp dem Unwetter entronnen, in einer unbekannten Bucht an Land gehen mussten. Dort trafen die Seeleute mitunter auf seltsame Völker oder auf merkwürdige, bedrohliche Fabelwesen. Odysseus, Sindbad der Seefahrer und viele andere Seeleute erzählten von solchen Abenteuern.

Zu den geheimnisvollen und gefährlichen Meeresungeheuern gehörten auch die drei Gorgonen. Sie waren Töchter des Meeresgottes Phorkys und wohnten im fernen Westen am Rande des großen Weltmeeres, des Okeanos. Anfangs waren die drei Schwestern liebliche Meeresfrauen, sie waren die Sinne verwirrend schön und begehrenswert, aber sehr gefährlich, denn sie zogen Schiffer und Seefahrer in ihren Bann und lockten sie ins Verderben.

Poseidon und Medusa

Die mittlere der drei Schwestern hieß Medusa. Sie war eine zauberhaft schöne Meeresgöttin. Vor langer, langer Zeit hatte Poseidon in Liebe um sie geworben und sie hatte ihn erhört. Medusa wurde die Gemahlin des Poseidon.

Später hat man diese Geschichte von Medusa und Poseidon ganz anders erzählt: Poseidon habe Medusa mit Gewalt zu dieser Ehe gezwungen.

Medusa und ihre Schwestern waren nicht immer so böse, wie man später berichtet hat. Sie waren so gut und so böse, wie das Meer eben ist, mit seinen wilden Stürmen und sanften Wellen. Doch in Sagen und Seefahrermärchen wurden die drei Gorgonen oft ganz schrecklich geschildert: Drachenschuppen bedeckten ihre Leiber, aus dem aufgerissenen Maul hing eine riesige rote Zunge, daneben ragten spitze Eckzähne heraus wie die Hauer eines wilden Ebers. Die Hände der Gorgonenschwestern waren Krallen aus Eisen, statt der Haare ringelten sich giftige Schlangen um ihren Kopf und auf dem Rücken hatten sie goldene Flügel. Das Gefährlichste aber war der Blick aus ihren stechenden Augen, der jeden, den er traf, zu Stein verwandelte.

Medusa und Perseus

Perseus, der Sohn des Zeus und der Menschenmutter Danae, zog in die Welt, um ein großer Held zu werden. Um zu beweisen, wie stark und furchtlos er war, wollte er Medusa umbringen. Sie war von den drei Gorgonen die einzige sterbliche.

Zuerst ging Perseus zu den drei Graien, die ebenfalls Töchter des Meeresgottes Phorkys waren. Die Graien waren von Geburt an grauhaarig und hatten gemeinsam nur ein einziges Auge und einen einzigen Zahn, die sie abwechselnd verwendeten. Perseus nahm ihnen das Auge und den Zahn weg und gab diese erst dann zurück, als die Graien ihm den Weg zu den Nymphen zeigten.

Denn die Nymphen besaßen drei Zauberdinge, die Perseus unbedingt haben wollte: Flügelschuhe, mit denen man fliegen konnte, wohin man wollte, einen Wasserschlauch, der niemals leer wurde, und einen Tarnkappen-Helm aus Hundefell. Perseus raubte den Nymphen diese drei Zauberdinge und flog damit zu den drei Gorgonen, um Medusa zu töten.

Die Göttin Pallas Athene, die immer zu den jungen Helden hielt, kam Perseus zu Hilfe und riet ihm zu einer List:

„Hüte dich vor Medusa! Sie verwandelt jeden, der sie anblickt, zu Stein. Darum wende deinen Kopf ab, wenn du dich ihr näherst, und blicke sie nur durch einen Spiegel an!“

Perseus befolgte den Rat der Göttin. Er näherte sich der Medusa mit weggewandtem Kopf und blickte in seinen blinkenden Schild wie in einen Spiegel. Deutlich sah er ihre Gestalt, sah ihre wehenden Schlangenhaare, doch durch den Schild-Spiegel konnte ihm ihr Blick nicht gefährlich werden.

So konnte Perseus ganz nahe an die Meeresgöttin herankommen und er schlug der Medusa das Haupt ab. Dann packte er ihren Kopf an den Schlangenhaaren und flog in seinen Flügelschuhen davon.

Als die beiden anderen Gorgonen diese schreckliche Tat bemerkten, wollten sie den Mörder ihrer Schwester verfolgen, sie konnten ihn aber nicht finden, weil er ja noch immer seine Tarnkappe trug.

Perseus wurde auf der Flucht von einem Sturm über die Wüste Libyens getrieben. Dort fielen einige Blutstropfen von Medusas Haupt in den Sand und wurden zu Schlangen, und diese lebten fortan in dieser Wüste.

Medusa hatte ein Kind des Poseidon unter ihrem Herzen getragen: Aus ihrem sterbenden Leib sprang das geflügelte Pferd Pegasus. Dieses Flügelpferd brachte später auf dem Musenberg mit einem Hufschlag eine Quelle hervor. Deshalb gilt Pegasus als das Musenpferd, das die Phantasie der Dichter beflügelt.

Die Zähne des schwarzen Drachen

Kadmos

Als König Agenor von Phönikien erfuhr, dass ein Stier seine Tochter entführt hatte, rief er seinen Sohn Kadmos zu sich und befahl ihm:

„Geh und such deine Schwester und wage nicht, ohne sie zurückzukehren!"

Mit einer Schar bewaffneter Männer zog Kadmos fort. Er kam durch viele Länder, aber nirgends fand er die entführte Schwester. In die Heimat wagte er sich nicht zurück. So wandte er sich an das Orakel von Delphi um Rat.

„Gründe eine neue Stadt", sprach das Orakel zu ihm. „Du wirst auf einer Wiese eine Kuh grasen sehen, die noch kein Joch

getragen hat. Folge ihr, und an der Stelle, wo sie sich niederlegt, sollst du die Stadt bauen und sie Theben nennen."

Kadmos fand die Wiese, auf der eine einsame Kuh graste. Die Kuh hob den Kopf, und Kadmos war es, als blickte sie ihn prüfend an. Gleich darauf wandte sie sich von ihm ab und ging fort. Kadmos und seine Gefährten folgten ihr. Auf einer schönen, grünen Weide blieb die Kuh stehen und legte sich nieder. In der Nähe erhoben sich Felsen und aus einer Schlucht hörte man Wasser plätschern.

„Hier an dieser Stelle werden wir die Stadt Theben bauen", sagte Kadmos zu seinen Männern. „Nun wollen wir den Göttern, die uns hierher geführt haben, ein Trankopfer bringen. Nehmt Krüge und füllt sie mit dem reinen Quellwasser, das ich hier sprudeln höre! Den Göttern darf man nur das Beste opfern."

Die Bewaffneten nahmen Krüge und stiegen in die kleine Schlucht hinab, in der sie die Quelle plätschern hörten. Sie lag verborgen zwischen großen Steinen. Als die Männer dort ankamen, bewegte sich plötzlich ein großes Stück eines dunklen Felsens und löste sich von dem anderen Gestein, und es war kein Felsen, sondern ein Drache.

Der Drache war schwarzblau und hatte drei Köpfe, die öffneten ihre Mäuler, und jedes Maul zeigte Reihen grausam spitzer Zähne. Dazu schlug er mit seinem schwarzen Schwanz, und der Atem des Drachen war eine giftige Wolke. Kadmos' Männer ließen vor Entsetzen die Wasserkrüge fallen. Aber ehe sie ihre Schwerter ziehen konnten, fiel der Drache über sie her, tötete sie mit seinem giftigen Atem und zerriss sie mit Zähnen und Klauen. Dann legte der Drache sich vor der Quelle nieder und sah wieder aus wie ein Felsen.

Als seine Männer nicht wiederkamen, wurde Kadmos unruhig. Er machte sich auf die Suche nach ihnen und fand seine Getreuen tot. Plötzlich merkte er, dass er ganz allein einem Drachen gegenüberstand. Der regte sich nicht, starrte aber mit feurigen Augen zu ihm herüber.

Kadmos griff nach seiner Lanze und stürzte sich auf das Untier. Der Drache schnappte mit einem seiner drei spitz bezahnten Mäuler nach der Lanze und biss daran herum, als wäre sie nur ein Zahnstocher. Nun packte Kadmos einen Felsbrocken und schleuderte ihn mit aller Kraft gegen den Drachen. Der ringelte seinen mächtigen Schuppenschwanz und erhob sich so drohend, dass Kadmos einen Schritt zurücksprang. Aber dann riss er sein Schwert heraus und schlug damit auf das Ungeheuer ein. Der Drache wich zurück und gleich darauf flossen Ströme von Blut aus dem Drachenleib, das Flackern in seinen Augen erlosch und dann war er tot.

Plötzlich stand die Göttin Athene neben Kadmos und befahl: „Brich alle Zähne des Drachen aus den drei Mäulern und säe sie in die Erde aus."

Kadmos brach dem toten Drachen die Zähne aus und bedeckte sie mit Erde. Die Drachenzähne aber waren nicht tot wie der Drache selbst. Sie verwandelten sich und bald bewegte sich die Erde. An einer Stelle kam ein Helm hervor, dem bald ein Krieger folgte, an anderer Stelle drängte sich zuerst eine Schwertspitze heraus, überall kamen bewaffnete Männer aus der Erde. Nun begannen alle die Krieger miteinander zu kämpfen und einander totzuschlagen.

Als Kadmos sich in den Kampf stürzen wollte, um die feindlichen Gruppen zu trennen, rief einer der Drachenzahnritter ihm zu: „Das ist u n s e r Kampf! Misch dich nicht ein, Fremdling!", und schlug Kadmos das Schwert aus der Hand.

Waffenlos musste Kadmos zusehen, wie die ehernen Krieger einander erschlugen. Als nur noch fünf von ihnen übrig waren, hörten sie plötzlich zu kämpfen auf. Sie legten ihre Waffen nieder und schlossen Frieden.

Mit diesen fünf Drachenzahnrittern baute Kadmos die Stadt Theben.

Eine Liebesgeschichte

Orpheus und Eurydike

In der alten Zeit lebte in Griechenland der Sänger und Dichter Orpheus. Er zog mit seiner Lyra, die ihm einst sein Vater, der Gott Apollo, geschenkt hatte, im ganzen Land umher und sang seine Lieder. Überall, wohin Orpheus kam und spielte und sang, versammelten sich die Menschen um ihn und hörten ihm zu. Wenn er durch einsame Wälder und Wiesen zog, kamen Tiere aus der ganzen Gegend herbei, wilde Eber und Bären, Füchse und Rehe und sogar die schüchternen Hasen. Alle die Tiere setzten sich friedlich nebeneinander und lauschten seiner Musik. Die Hummeln und Bienen verstummten und saßen still auf den Blüten, und die Schmetterlinge und Heuschrecken regten keinen Flügel und kein Bein. Die Blumen und Gräser, die Büsche und Bäume rundum wiegten sich leise nach der Musik des Orpheus, und alle Steine fingen an zu glitzern, auch wenn sonst kein Glitzern an ihnen war.

Einmal, als Orpheus auf einer Seereise in ein Unwetter geriet und mitten im Sturm auf seiner Lyra zu spielen begann, beruhigten sich die tosenden Wogen und plätscherten sanft und leise. Und als Orpheus mit einem Schiff durch die gefürchtete Meeresenge von Sizilien fuhr, besänftigte er mit seinen Liedern und Klängen sogar die beiden schrecklichen Meeresungeheuer Skylla und Charybdis. Charybdis vergaß, mit ihrem gewaltigen Strudel das Schiff einzuschlürfen, und die menschenverschlingende Skylla lauschte still und verklärt der Musik des Orpheus.

Eines Tages rastete Orpheus auf einer Wiese in der Nähe eines Baumes, der unweit am Ufer eines Baches stand.

In alten Zeiten wohnten in fast allen Bäumen Baumnymphen. Das waren zarte Wesen, mädchenhaft und wunderschön. Die Nymphen waren nicht unsterblich wie die Götter, sie lebten, solange der Baum lebte, in dem sie wohnten. Dann starben sie. Wenn sie sich aber einen anderen, jüngeren Baum als Wohnstatt suchten, bevor ihr alter Baum starb, lebten sie in dem jungen weiter.

An jenem Tag, als Orpheus auf der Wiese saß und für die Tiere spielte und sang, schlüpfte aus dem Baum am Ufer eine Baumnymphe hervor und versteckte sich im nahen Gebüsch. Als Orpheus weiterzog, huschte sie ihm heimlich und ungesehen nach. Sie folgte ihm mehrere Tage lang. Nachts schlief sie in fremden Bäumen oder im taunassen Gras, aber sie zeigte sich Orpheus niemals, denn das wagte sie nicht. Doch einmal entdeckte Orpheus ihr zartes Gesichtchen, das durch das Buschwerk zu ihm herüberlugte.

„Komm doch heraus, Nymphe“, sagte er. „Wie heißt du?“ Da kam sie hervor und flüsterte: „Eurydike heiß ich. Du hast mich mit deiner Musik verzaubert. Jetzt muss ich immer bei dir sein.“

So hat die Liebesgeschichte zwischen dem Sänger Orpheus und der Baumnymphe Eurydike begonnen.

Orpheus nahm Eurydike zur Frau. Die Menschen und Tiere, Blumen, Bäume und Steine begannen darüber zu murren, dass Orpheus nicht mehr mit seinen wundersamen Liedern durchs Land zog, denn er spielte und sang nur noch für seine Eurydike.

Eines Tages besuchte Eurydike den Baum, in dem sie einst gewohnt hatte. Sie brach einen seiner blühenden Zweige ab, um sich für Orpheus damit zu schmücken, und machte sich wieder auf den Heimweg. Als sie über eine Wiese ging, kam von fernher der junge Halbgott Aristaios gewandert. Er sah die junge Frau mit dem Blütenzweig und verliebte sich sogleich in sie. Aristaios war von den Göttern dazu bestellt, die Viehherden zu beschützen und sich um den Getreide- und Gemüseanbau und die Bienenzucht zu kümmern. Doch als er Eurydike erblickte, konnte er an nichts anderes mehr denken, als dass er diese wunderschöne Frau haben wollte, und stürmte mit begeistertem Geschrei auf sie los.

Eurydike erschrak und wollte zu ihrem Baum zurücklaufen, der ihr immer Zuflucht vor allen Gefahren geboten hatte: Ohne auf den Weg zu achten, eilte sie auf ihn zu, doch ehe sie den schützenden Baum erreicht hatte, trat sie auf eine Schlange. Die Schlange biss sie in den Fuß. Aristaios sah, wie Eurydike leblos zu Boden sank, sah die giftige Schlange davongleiten und lief entsetzt davon.

Als Eurydike nicht wiederkam, wunderte sich Orpheus, wo sie denn so lange bliebe. Dann hörte er plötzlich Flötentöne und erkannte erschrocken, dass diese Töne aus der Flöte des Gottes Hermes kamen, der die Seelen der Toten in die Unterwelt geleitete. Die Töne wurden immer leiser und verklangen dann in der Ferne.

Da wusste Orpheus, dass Eurydike tot war. Wunderliche Gedanken kamen ihm, als er an den Ort dachte, an dem seine Frau nun war. Das Totenreich lag hinter dem Fluss des Vergessens. Aber Orpheus konnte Eurydike nicht vergessen. Er nahm seine Lyra und machte sich auf den Weg in die Unterwelt.

Als Orpheus an den Fluss des Vergessens kam, wollte Charon, der Fährmann, ihn nicht über den Fluss zum Eingang ins Totenreich fahren.

„Ich führe keinen Lebenden zu den Toten", sagte er. „Das ist nicht meines Amtes!"

Da griff Orpheus nach seiner Lyra und begann zu singen. Er sang von seiner Liebe, und wie er Eurydike gefunden und dass er sie verloren hatte. Sein Gesang verzauberte den Fährmann. Er tauchte die Ruder in den Fluss des Vergessens und führte Orpheus an das jenseitige Ufer. Dort aber, am Eingang zum Totenreich, stand der Höllenhund Zerberus, der das Tor zur Unterwelt bewachte. Zerberus hatte mehrere Köpfe und am Schwanzende einen kleinen, bissigen Drachenkopf. Mit diesem Schwanz wedelte er zwar freundlich, wenn Tote kamen und Einlass in das Reich der Schatten begehrten. Wenn Zerberus aber in einem der Ankommenden nur einen Hauch von Leben witterte, biss er zu. Daher gaben viele Angehörige von Verstorbenen ihren Toten zur Sicherheit Honigkuchen mit auf die Reise ins Totenreich, um den Höllenhund freundlich zu stimmen, denn es war allgemein bekannt, dass Zerberus gern Honigkuchen fraß.

Als der Höllenhund nun sah, dass Orpheus aus dem Boot des Fährmanns stieg und auf ihn zukam, fletschte er seine vielen Zähne und knurrte.

Orpheus aber nahm seine Lyra und begann zu spielen und zu singen. Da fing der Höllenhund zu winseln an. Erst klang es, als wolle er mitsingen, aber gleich darauf fiel er in einen tiefen, wohlig knurrenden Schlaf. Orpheus eilte an Zerberus vorüber und betrat die Unterwelt.

Tiefste Dunkelheit umfing ihn. Hie und da flackerte es wie ein Schimmer von Totenlichtern über die Wände der Finsternis, rundum rieselte es wie von Wasser und polterte es, als löste sich Geröll. Orpheus wollte Eurydike rufen, aber die Stimme versagte ihm, und als er versuchte die Lyra zum Klingen zu bringen, gab sie keinen Ton von sich.

Plötzlich stand Hades vor ihm, der Herrscher über die Welt der Toten.

„Kein Lebender darf mein Reich betreten", sprach Hades. „Was suchst du hier?"

„Gib mir Eurydike zurück, Hades!", bat Orpheus, „ich kann ohne sie nicht leben!"

„Komm wieder, wenn du tot bist, Orpheus", antwortete Hades. „Dann könnt ihr wieder beisammen sein."

Orpheus aber wusste, dass Hades in Liebe mit seiner Frau Persephone verbunden war, und antwortete dem Herrn des Totenreichs:

„Im Namen der Liebe, die auch du erfahren hast, Hades, flehe ich dich an: Gib mir Eurydike zurück!", und dabei berührte seine Hand die Saiten seiner Lyra. Doch die blieb stumm.

„Ich weiß, Orpheus, dass deine Musik Zaubermacht über Menschen und alle anderen Geschöpfe der Oberwelt hat, manchmal auch über die Götter", antwortete Hades. „Persephone hat mir davon berichtet. Im Namen der Liebe, die wir beide kennen, will ich deine Bitte erfüllen und dir Eurydike wiedergeben. Bedenke aber, dass sie den Frieden des Schattenreichs schon gefunden hat. Wird sie dir folgen in die Welt der Lebenden, die voll Schlangen ist? Nimm sie mit dir. Aber nicht der Hauch eines Zweifels darf in dir sein, ob sie dich noch immer liebt. Wenn du sie von hier fortführst, darfst du dich nicht eher nach ihr umwenden, bis du die Schwelle zur Oberwelt überschritten hast."

Der Weg bis zum Eingang in die Oberwelt erschien Orpheus endlos lange, viel länger als der Hinweg. Alles um ihn war nun stumm und still, kein Rieseln eines verborgenen Wassers, kein Poltern von Gestein, nur Stille. Und plötzlich war es Orpheus, als sei er selber schon tot. Aber er ging unentwegt weiter. Er wagte es nicht, sich nach Eurydike umzuwenden, um zu sehen, ob sie ihm folgte. Er lauschte auf ihre Schritte, aber er hörte sie nicht. Die Toten gehen unhörbar leise.

Plötzlich überfiel ihn die Angst, dass Eurydikes Liebe vielleicht nicht so groß war, dass sie ihm wirklich folgte, und er wandte sich um.

Da stand Eurydike, zart und schimmernd, und lächelte ihn an, doch als Orpheus nach ihr griff, zerfloss sie in Nebel. Das Licht der Oberwelt brach durch den Eingang über Orpheus herein und er stürzte voll Grauen aus dem Reich der Toten zurück in die Welt der Lebenden. Charon, der Fährmann, wartete bereits in seinem Boot und führte ihn wortlos an das andere Ufer.

Es wird erzählt, dass Orpheus vor Schmerz und Trauer um die verlorene Geliebte in Wahnsinn verfiel. Aus seiner Lyra tönte immer noch der Zauber seiner Musik. Um Eurydike zu vergessen, besuchte Orpheus die Feste des Dionysos, des Gottes des Weins und der wilden Tänze. Eines Tages zerrissen die Mänaden, die rasenden Tänzerinnen des Dionysos, den Sänger Orpheus.

Als Orpheus tot war, nahm der Gott Apollo die Lyra seines Sohnes wieder an sich und versetzte sie auf den Himmel.

Das Ende der Geschichte von Orpheus und Eurydike wird aber auch anders erzählt. Nämlich, dass Orpheus und Eurydike zusammen als Sternbild der Liebe irgendwo am Himmel leuchten und dass die Menschen dieses Sternbild eines Tages auch entdecken werden.

Flügel aus Wachs und Vogelfedern

Dädalus und Ikarus

Im alten Griechenland, zu einer Zeit also, in der die Menschen noch nicht fliegen konnten, lebte in Athen ein Bildhauer namens Dädalus. Er galt als der berühmteste Bildhauer, Baumeister und Erfinder seiner Zeit. Von weither kamen Menschen, um seine Statuen zu bestaunen. Bis dahin hatten die Künstler in Griechenland Statuen gemeißelt, die steif und starr mit geschlossenen Augen dastanden. Die steinernen Menschenbilder des Dädalus aber schienen zu leben. Sie blickten den Betrachter mit offenen Augen an, sie hatten die Hände ausgestreckt und die Füße der Steinbilder schienen zu schreiten. Man nannte Dädalus den größten Künstler aller Zeiten.

Dädalus freute sich über die Anerkennung, aber diese Freude war ihm bald nicht mehr genug. Er war eitel und eifersüchtig auf jeden, der etwas Schönes und Neues schuf.

Dädalus hatte einen Neffen, Talos, als Lehrling in seine Werkstatt aufgenommen. Talos war noch sehr jung, aber überaus geschickt und findig. Eines Tages sägte er ein kleines Brett durch. Er benützte dafür den Kieferknochen einer Schlange als Säge. Der Knochen zerbrach. Da fiel Talos ein, spitze, scharfe Schlangenzähne aus Eisen anzufertigen. Damit hatte er die eiserne Säge erfunden.

Als Talos voll Freude mit den eisernen Schlangenzähnen zu seinem Onkel kam und ihm seine Erfindung zeigte, runzelte Dädalus die Stirn und sagte grimmig:

„Hast du nichts Besseres zu tun als solchen Unfug zu basteln? Kehr lieber den Staub aus der Werkstatt."

Dädalus erkannte sehr wohl, wie begabt sein Schwestersohn war. Talos erfand immer neue Werkzeuge. Dädalus sah das mit Unbehagen, er fürchtete, sein Lehrling könnte berühmter werden als er selbst.

Als dieser ihm eines Tages voll Stolz eine besonders gelungene Statue zeigte, wurden Eifersucht und Hass in Dädalus so mächtig, dass er beschloss, den Neffen umzubringen. Er lockte Talos auf die Athener Burg und stieß ihn hinunter. Als Dädalus dann den toten Jüngling begrub, wurde er dabei beobachtet und musste flüchten. Und der Athener Gerichtshof, der Areopag, verurteilte Dädalus in Abwesenheit zum Tod.

Auf seiner Flucht kam Dädalus bis nach Kreta, wo König Minos den berühmten Künstler begeistert unter seinen Schutz nahm. Im Auftrag des Königs schuf Dädalus viele Kunstwerke, er baute auch das Labyrinth für den Minotaurus, ein menschenfressendes Ungeheuer mit dem Kopf eines Stieres und dem Leib eines Mannes.

Dädalus hatte einen jungen Sohn, Ikarus. Eines Tages sagte der Knabe zu seinem Vater: „Ich will nicht immer nur auf der Insel Kreta sein! Ich will andere Länder kennen lernen! Die Seeleute, die hier an der Küste landen, haben mir schon viel von der Welt erzählt."

„König Minos erlaubt nicht, dass wir Kreta verlassen", antwortete Dädalus. „Er erwartet von mir noch viele großartige Werke, die Kreta berühmt machen sollen."

Doch immer wieder bat Ikarus den Vater, mit ihm in die

weite Welt zu reisen. Dädalus wollte sich nicht vom König zwingen lassen, auf der Insel zu bleiben. Es gefiel ihm auch nicht, dass sein Sohn Ikarus von der weiten Welt nur träumen konnte. Eines Tages dachte er: „Es muss doch noch einen anderen Weg als den Schiffsweg geben, die Insel zu verlassen. Und es gibt gewiss noch andere Könige, die mich, den größten Künstler Griechenlands, mit Freuden aufnehmen werden."

Einmal saß Dädalus am Meeresufer und sah einem Vogel zu, der auf der Insel landete und nach etwas Fressbarem pickte. Nach einer Weile flog der Vogel wieder fort. Plötzlich dachte Dädalus: „Ich brauche kein Schiff, um von Kreta wegzukommen. Ich brauche Flügel!"

Dädalus besorgte sich Wachs und Vogelfedern und bildete daraus zwei Paar Flügel, ein großes für sich und ein kleineres für seinen Sohn Ikarus. Es waren prächtige Flügel, nach der Natur geformt von seinen Künstlerhänden. Dann rief Dädalus seinen Sohn.

„Sieh her, was ich da habe!", sagte er, „mit diesen Flügeln werden wir beide zusammen von Kreta fortfliegen."

Ikarus jubelte laut auf und ließ sich das kleinere Flügelpaar auf den Rücken binden, Dädalus schnallte sich selbst das größere Paar um die Schultern und sagte zu dem jungen Ikarus:

„Hör mir gut zu! Ich werde voraus fliegen und du fliegst mir nach. Flieg nicht zu tief, damit die Meereswogen dich nicht verschlingen, flieg aber auch nicht zu hoch, damit nicht die Sonne das Wachs an deinen Flügeln schmilzt. Denn dann würdest du ins Meer stürzen." Damit schlug Dädalus mit seinen Flügeln und erhob sich in die Luft. Der junge Ikarus tat es ihm nach. Eine Weile flogen sie

glücklich dahin. Ikarus hob seine Blicke zur Sonne, die das Meer so herrlich erglänzen ließ. Er konnte nicht anders, er musste ein Stück höher zur Sonne fliegen. Ikarus vergaß, wie gefährlich ihre heißen Strahlen für das Wachs an seinen Flügeln waren. Jubelnd flog er immer höher, und die Sonne schmolz das Wachs an seinen Flügeln, und die Flügel lösten sich auf in wächserne Tropfen und Vogelfedern. Ikarus stürzte ins Meer und versank.

Dädalus hörte den lauten Aufschrei seines Sohnes. Entsetzt sah er Ikarus fallen, dann schwammen nur noch Federn und Wachs auf den Wellen.

Dädalus landete auf der nächsten Insel, um sich seinem Schmerz hinzugeben. Bald darauf wurde der tote Ikarus am Ufer angespült. Weinend begrub Dädalus seinen jungen Sohn. Dann flog er weiter, nach Sizilien. Die Insel aber, auf der Ikarus begraben war, erhielt später den Namen Ikaria.

In Sizilien herrschte damals König Kokalos. Dädalus landete auf dem Platz vor dem Königspalast. Dort verließen ihn seine Kräfte und erschöpft sank er besinnungslos zu Boden.

Die Palastwachen eilten zu ihm hin und besahen sich die leblose Gestalt. Einer der Wächter lief zu König Kokalos und meldete: „Vor dem Palast liegt ein seltsamer Vogel mit einem Menschenkopf und einem Menschenleib!“

„Bringt ihn her“, sagte König Kokalos, „und legt ihn vor die Stufen meines Throns.“

Der König kannte Dädalus nicht. Aber er war klug genug zu erkennen, dass der vor ihm Liegende kein Vogel war, sondern ein Mensch mit Flügeln.

Als Dädalus erwachte, fragte König Kokalos ihn: „Wer bist du?“

„Ich bin Dädalus, der größte Bildhauer, Erfinder und Baumeister der Welt“, antwortete Dädalus, „und ich bitte Euch, mich in Eurem Reich aufzunehmen.“

„Ich habe von dem Ruhm des Dädalus gehört“, antwortete König Kokalos. „Ihn würde ich in meinem Reich willkommen heißen. Aber bist du auch wirklich Dädalus? Kannst du das beweisen?“

„Gebt mir einen Marmorblock von Menschengröße“, antwortete Dädalus. „Und lasst Meißel und Hammer kommen, dann will ich Euch beweisen, dass ich Dädalus bin!“

König Kokalos ließ das Gewünschte herbeischaffen. Schon nach den ersten Schlägen, die Dädalus in den Marmor tat, wurde der Stein unter seinen Händen lebendig. Bald war aus dem Marmorblock eine Menschengestalt geworden, die den Beschauer anblickte und die aussah, als würde sie im nächsten Augenblick ihre wundervollen Glieder bewegen.

König Kokalos erkannte, dass er wirklich Dädalus vor sich hatte, und nahm ihn freundlich auf.

Als König Minos die Flucht des Dädalus entdeckte, rüstete er ein Kriegsheer, um sich den berühmten Künstler zurückzuholen. König Kokalos erfuhr davon und sandte dem König von Kreta Botschafter entgegen, die Minos herzlich willkommen hießen und zu einem Gastmahl einluden. Er selbst ging König Minos am Hafen entgegen.

„Es scheint mir, Ihr wollt Dädalus zurück haben“, sagte König Kokalos zu König Minos. „Ich muss Euch gestehen, dass mir das nicht unlieb ist. Dieser Künstler maßt sich an, sich huldigen zu lassen, wie es einem König zusteht. Wenn Ihr ihn wiederhaben wollt, gebe ich ihn Euch mit Freuden zurück!" So sprach König Kokalos mit Arglist, denn er dachte nicht daran, Dädalus fortzulassen. „Aber wollt Ihr Euch vor dem Essen nicht mit einem Bad erfrischen?", fragte er weiter. Minos ließ sich von der Freundlichkeit des Königs täuschen. Er wurde in eine Badestube geführt. König Kokalos aber ließ den Ofen so stark heizen, dass das Badewasser kochte.

So starb König Minos von Kreta nicht durch das Schwert eines Gegners, sondern in der Badewanne seines Feindes.

König Kokalos stellte sich zutiefst betrübt und ließ verkünden, sein armer Gast sei in der Badestube ausgerutscht und in der Badewanne ertrunken. Und er ließ für Minos eine großartige Trauerfeier veranstalten.

Dädalus wurde sehr alt. Bis zu seinem Tod lebte er auf Sizilien und vermehrte dort seinen Ruhm und den des Landes. Und er schuf steinerne Menschenbilder, die wie mit lebendigen Augen in die Welt schauten.

Die Jägerin aus den Wäldern

Atalanta

Im antiken Griechenland kam es immer wieder vor, dass neugeborene Kinder ausgesetzt wurden. In Sagen und Märchen wurden diese Kinder – oft Königskinder – dann von Hirten oder armen Bauern gefunden und aufgezogen. Manchmal halfen den Kindern auch wilde Bären, Wölfe oder Löwen.

Atalanta war eines dieser ausgesetzten Königskinder. Ihr Vater, der König von Arkadien, war bei ihrer Geburt so bitter enttäuscht, weil nur ein Mädchen zur Welt gekommen war, dass er die Kleine in einem Körbchen im wilden Wald aussetzen ließ. Atalanta wurde von einer Bärin gefunden und aufgezogen, und Artemis, die Göttin der Tiere und der freien Wildnis, kümmerte sich um das kleine Mädchen. Frei im Wald wuchs Atalanta auf. Sie konnte so schnell laufen wie eine Hirschkuh, so gut klettern wie ein Eichhörnchen, und sie wurde wie Artemis eine gute Jägerin. Niemals traf ihr Pfeil daneben.

Als Atalanta älter wurde, gelobte sie, niemals einem Manne anzugehören, sondern Jungfrau zu bleiben wie ihre Pflegemutter Artemis.

Die Kunde von der schönen jungen Frau, die im Wald lebte und deren Pfeile immer ihr Ziel trafen, verbreitete sich unter den Menschen.

Damals gab es in jener Gegend einen besonders wilden und

gefährlichen Eber, der die Felder der Bauern durchwühlte, ihre Ernten zerstörte und jeden, der ihm nahe kam, auf seinen Hauern aufspießte. Ein König namens Meleagros, der Herr über dieses Gebiet war, lud eine Schar Fürsten, lauter berühmte Helden, zur Jagd auf den gefürchteten Eber ein. Und weil Atalanta eine so gute Jägerin war, lud Meleagros auch ein.

Das hatte es noch nie gegeben, dass eine Frau zur Jagd eingeladen wurde! Keiner der Jagdgäste glaubte, dass Atalanta wirklich mit Pfeil und Bogen umgehen konnte.

„Du willst mit uns auf Eberjagd gehen?“, höhnten sie, „kannst du nicht besser den Kochlöffel schwingen als den Bogen?“

Viele der Helden weigerten sich rundweg, gemeinsam mit einer Frau zu jagen.

„Lasst sie in Ruhe“, rief König Meleagros, der diese Einladung bereits bedauerte und nun auch seine eigene Ehre verteidigen musste. „Ihr werdet sehen, dass Atalanta euch alle an Geschicklichkeit übertrifft!“

Schließlich zogen doch alle gemeinsam los. Atalanta ritt ganz am Ende der Jagdgesellschaft.

Der Eber brach plötzlich und unerwartet aus einem Gebüsch. Er stürzte sich auf zwei der Männer. Im letzten Augenblick schoss Atalanta einen Pfeil in einen nahen Strauch und lenkte so den Eber von seinen Opfern ab. Damit rettet sie den beiden Männern das Leben.

„Gib acht, schieß nicht so wild um dich!“, schrie einer der Geretteten. „Du hättest ja mich treffen können!“

„Hätte ich nicht geschossen, wärst du von dem Eber zerrissen worden“, entgegnete Atalanta ruhig. „Du solltest dich bei mir bedanken, statt mich zu beleidigen.“

Der gerettete Jäger würdigte sie jedoch keiner Antwort.

Der Eber griff erneut an, er tötete sieben Männer, so schnell, dass auch Atalanta ihnen nicht helfen konnte.

„Warum schießt du nicht rechtzeitig?“, schrien die Männer jetzt. „Was bist du für eine Jägerin, die ihren Jagdgenossen nicht beisteht?“

„Wie soll ich schießen, wenn ihr wie aufgescheuchte Rebhühner durcheinanderlauft?“, fragte die junge Frau.

Atalanta war es schließlich, die dem Eber den Todesschuss gab, und der redliche Meleagros sprach ihr den Siegespreis zu, die Haut des Tieres. Die anderen Helden aber empörten sich laut, dass eine Frau den Preis gewann.

Atalantas Vater, der König von Arkadien, hörte von ihrem Siegespreis. Nun war er plötzlich stolz auf seine Tochter und lud sie in seine Burg ein. Freudig bewegt reiste Atalanta zu ihrem Vater. Doch der hatte seine Tochter auch deshalb eingeladen, um sie gut zu verheiraten. Atalanta versuchte sich zu wehren:

„Vater, ich habe der Göttin Artemis gelobt, niemals zu heiraten!“, sagte sie.

Aber der Vater gab nicht nach mit seinem Drängen und Atalanta musste sich fügen – doch sie tat es nur zum Schein.

„Ich werde denjenigen heiraten, Vater, der mich im Wettlauf besiegt“, versprach Atalanta, denn sie wusste sehr gut, dass es keinen Menschen gab, der so schnell laufen konnte wie sie.

Viele junge Männer versuchten ihr Glück, doch keiner konnte die windschnelle Läuferin Atalanta einholen. Einmal jedoch kam ein junger Mann, der sich mehr als alle anderen in den Kopf gesetzt hatte, Atalanta zu besiegen. Er steckte drei goldene Äpfel in sein Gewand.

Der junge Mann war ein sehr guter Läufer, fast so gut wie Atalanta. Nur wenige Schritte war er hinter seiner Gegnerin, aber einholen konnte er sie nicht.

Da griff er zu einer List. Mitten im Lauf warf er ihr einen Apfel vor die Füße. Atalanta stolperte und verlor einige kostbare Sekunden. Schon war er neben ihr, doch bald hatte sie ihren Vorsprung wieder erreicht.

Nun rollte der junge Mann den zweiten Apfel vor Atalanta hin. Wieder stolperte die junge Frau, doch sie fing sich rasch und rannte weiter.

Knapp vor dem Ziel warf der ehrgeizige Freier den dritten Apfel seiner Gegnerin vor die Füße. Atalanta stürzte, der junge Mann rannte an ihr vorbei und gewann den Wettlauf. Atalanta musste ihn heiraten.

Ein Kämpfer gegen Ungeheuer

Herakles

Kindheit und Jugend

Zeus war ein großer Liebhaber schöner Frauen. Diesmal hatte die Königin Alkmene seine Leidenschaft entflammt und er besuchte sie in Gestalt ihres eigenen Gemahls. Alkmene bekam von Zeus einen Sohn und nannte ihn Herakles.

Hera, die Gemahlin des Zeus, war in ihrer Eifersucht darüber so zornig, dass sie zur Erde hinunterstieg, um den neugeborenen Herakles umzubringen.

Königin Alkmene aber hatte durch ein Orakel erfahren, welche Gefahr ihrem Kind drohte. Sie befahl ihren Mägden, das Kind außerhalb der Burg in einem Gebüsch zu verbergen. Doch genau an diesem Versteck kam Hera auf ihrem Weg zur Königsburg vorbei. In einem Tamariskengebüsch entdeckte sie den wimmernden Säugling. Er lag in einem schäbigen Körbchen, in verschlissenes Linnen gewickelt, damit niemand erkennen konnte, dass er ein Königskind war. Hera erkannte ihn nicht, denn die Götter und Göttinnen der alten Griechen waren keineswegs allwissend. Die Gemahlin des Zeus sah nur einen hilflosen Säugling vor sich, der vor Hunger und Einsamkeit jämmerlich schrie. Voll Mitleid bückte sie sich, hob das Kind auf und legte es an ihre Brust. Und mit ihrer göttlichen Milch gab Hera dem kleinen Herakles Unsterblichkeit. Dann legte sie ihn wieder in sein Körbchen.

„Hoffentlich findet dich bald jemand und kümmert sich um dich“, wünschte sie ihm freundlich.

Hera ging weiter, unsichtbar durchschritt sie den Königspalast, doch sie fand die kostbare, reich geschnitzte Wiege des kleinen Herakles leer. Da schrie Hera laut auf vor Zorn. Die Magd, die in dem Zimmer Wolle kämmte, erschrak gewaltig, als sie diesen Wutschrei hörte, ohne jemanden zu sehen und rannte erschrocken zu ihrer Königin. Dort aber kam gerade die Göttin Pallas Athene, als einfache Bäuerin verkleidet, herbei und brachte Alkmene den kleinen Herakles zurück, denn im Palast würde Hera ihn jetzt nicht mehr suchen.

Bald darauf entdeckte Hera, was geschehen war, und schickte zwei Schlangen. Diese sollten in die Wiege kriechen und den kleinen Herakles töten. Herakles jedoch war schon im Alter von wenigen Tagen außergewöhnlich stark, er packte die Schlangen der Hera mit seinen kleinen Händen und erwürgte sie.

Herakles wuchs am Hofe seines königlichen Stiefvaters heran, der ihn wie einen eigenen Sohn aufzog. Der Junge war wissbegierig und klug, klüger manchmal als seine Lehrer. Weil er so stark und schnell war, gewann er alle Kampfspiele und erweckte damit nicht selten Neid und Missgunst der anderen Knaben. Manchmal war der junge Herakles so ungestüm, dass er mit seinen Riesenkräften seinem Gegner Schmerz zufügte, ohne dass er es wollte.

Herakles' Stiefvater wünschte, sein Sohn sollte auch das Lesen und Schreiben erlernen. Der junge Königssohn plagte sich damit sehr, er war ungeduldig und das Stillstitzen fiel ihm schwer. Als einmal sein Lehrer gutmütig eine spöttische Bemerkung über seine Schrift machte, sprang Herakles in jäher Wut auf, packte den alten Lehrer und schüttelte ihn so heftig, dass dieser zu Boden stürzte und mit dem Kopf gegen das Schreibpult schlug. Erschrocken beugte Herakles sich über den alten Mann, und voll Entsetzen sah er, dass sein Lehrer tot war, und keine Tränen konnten ihn wieder lebendig machen.

Radamanthys, der weise, unbestechliche Richter, mahnte den König, seinen jungen Sohn vor Gericht zu bringen, und er verurteilte den ungestümen jungen Mann:

„Geh in die einsamen Bergtäler, wo die Herden weiden. Dort sollst du den Hirten bei ihrer Arbeit helfen und nachdenken. Wenn du gelernt hast, deine übermenschlichen Kräfte zum Wohle der Menschen zu gebrauchen statt zu ihrem Verderben, dann erst darfst du heimkehren!"

So wanderte Herakles in die Berge und lebte lange unter den Hirten in der felsigen Einöde. Eines Tages zog ein riesiger, wilder

Löwe in das Bergtal und bedrohte die Hirten und ihre Herden. Herakles erschlug den Löwen mit seiner Keule, zog ihm das Fell ab und legte es sich um die Schultern. Von nun an trug Herakles stets das Löwenfell als Mantel, mit dem Löwenkopf als mächtige Kapuze. Dann kehrte Herakles in seine väterliche Burg zurück.

Die Hydra von Lerna

Ein uraltes Orakel zwang Herakles, seinem Vetter Eurystheus, dem Herrn und König von Mykene, zu dienen und für diesen zwölf überaus schwierige Arbeiten zu verrichten. Sogar sein Vater Zeus war machtlos gegen dieses Orakel.

Eine dieser Aufgaben war: Herakles sollte das Ungeheuer von Lerna erschlagen.

Im Gebiet von Lerna lag ein großer Sumpf. Hier hauste die Hydra, eine schreckliche, neunköpfige Wasserdrachenschlange, und versetzte die ganze Gegend in Angst und Schrecken.

Mit ihrem giftigen Atem verpestete die Hydra das Land ringsum. Immer wieder näherte sie sich den Dörfern der Menschen, fraß ihre Schafe und Rinder, und wo ein Mensch sich ihr entgegenstellte, verschlang sie auch ihn.

Diesen gräulichen Drachen sollte Herakles auf Befehl des Königs Eurystheus töten. Dieses Abenteuer unternahm Herakles nicht allein, sondern sein junger Freund Joalos begleitete ihn.

Sie kamen in das sumpfige Gebiet von Lerna. Verdorrte Bäume standen zwischen Felsen, moorigem Grund und modrig riechenden Teichen. Es war sehr still. Herakles und Joalos kamen zu dem schlammigen Wasserloch, in dem die Hydra hauste. Dort zündeten sie ein Feuer an und warteten.

Sie mussten nicht lange warten. Bald tauchte die Wasserdrachenschlange auf. Ihr dicker, gefleckter Schlangenleib kroch langsam auf Herakes und Joalos zu, ihre neun Köpfe zuckten und ruckten auf den dünnen Hälsen auf und ab, die drohend aufgerissenen Mäuler starrten von spitzen Zähnen.

Die Schlange zu besiegen schien unmöglich, denn acht ihrer neun Köpfe wuchsen, sobald man sie abschlug, sofort wieder nach. Der neunte Kopf aber, der mittlere, war unsterblich. Trotzdem musste Herakles das Unmögliche versuchen.

Joalos stürzte auf das Ungeheuer los und hieb ihm mit seinem Schwert den ersten Kopf ab, dann den zweiten und weiter, einen Kopf nach dem andern. Doch kaum hatte der junge Mann einen Drachenkopf abgeschlagen, wuchs dieser sofort wieder nach und schnappte mit seinen spitzen Zähnen nach Joalos.

Inzwischen kämpfte Herakles mit dem mittleren, dem unsterblichen Schlangenkopf. Doch es gelang ihm nicht, ihn abzuschlagen oder wenigstens zu verwunden. Sein Schwert prallte immer wieder vom Schlangenhals ab, plötzlich zerbrach es an den harten Halsschuppen. Herakles nahm seine Keule und hieb mit aller Kraft auf den unsterblichen Kopf ein, doch nach jedem gewaltigen Keulenschlag schnellte dieser wieder in die Höhe.

Zur gleichen Zeit sprang Joalos in Todesangst zwischen den gierig schnappenden Drachenköpfen hin und her.

„Nimm einen brennenden Ast aus dem Feuer“, schrie Herakles dem Freund zu, „und schmilz damit die Hälse zu, dann kann kein Kopf mehr nachwachsen!“

Joalos duckte sich unter den Köpfen und rannte zum Feuer hin, riss einen glosenden Ast heraus. Noch einmal schlug er der Hydra die Köpfe ab und versengte ihre Hälse. Währenddessen kämpfte Herakles noch immer mit dem neunten Kopf. Endlich gelang es ihm mit dem Schwert des Freundes, diesen letzten Kopf abzuschlagen.

Doch damit hatte er den Kampf noch lange nicht gewonnen! Denn jetzt rollte der neunte Kopf mit drohend aufgerissenem Maul auf die beiden Männer zu. Weder Feuer noch Schwert, noch die Keule des Herakles konnten den Drachenkopf der Hydra bezwingen.

Da hatte Herakles den rettenden Gedanken. „Wir müssen den Kopf in ein Loch stoßen!“, schrie er und packte gleichfalls einen Ast. Gemeinsam stießen die Freunde den Drachenkopf in ein tiefes Loch und wälzten einen Felsblock darüber. Nun war der unbesiegbare Kopf gefangen und konnte ihnen nichts mehr zu Leide tun und auch keinem anderen Menschen oder Tier mehr. Der Leib der Hydra aber fiel leblos in sich zusammen. Herakles und Joalos steckten die abgeschlagenen Köpfe der Hydra in einen Sack, um sie König Eurystheus als Beweis zu bringen.

„Solange niemand den Felsblock wegwälzt, bleibt die Hydra besiegt“, sagte Herakles.

Herakles reinigt die Rinderställe des Königs

Eine weitere Aufgabe, die König Eurystheus dem Herakles stellte, war, die Rinderställe des Königs Augias von Elis zu säubern. Dreitausend Rinder hatte der König.

Herakles begab sich nach Elis zu König Augias. Dieser verlangte noch dazu, dass Herakles zum Ausmisten der Ställe nur einen einzigen Tag brauchen durfte.

Herakles setzte sich auf einen Hügel und blickte missmutig auf den riesigen Stall hinunter. Einen Kuhstall auszumisten, das ging gegen seine Heldenehre! Viel lieber hätte er mit hundertköpfigen Drachen gekämpft oder mit wilden Löwen, als eine so niedrige Arbeit zu tun. Noch dazu war der Stall riesengroß. Wie sollte er in einer einzigen Nacht diese Unmengen von Dung wegbringen?

Auf dem Hügel, auf dem Herakles saß, entsprang eine Quelle, ein breiter Bach floss an Ställen und Palast vorbei über den Hang hinunter. Herakles starrte den Bach an. Plötzlich fiel ihm eine würdige Lösung ein.

Sogleich begann er dem Bach ein neues Bett zu graben. Er schaufelte Dämme, zog Gräben, baute Schleusen und zerteilte den Wasserlauf in viele kleine Bächlein und Kanäle, die direkt in den Rinderstall flossen und den Mist der Rinder auf das darunterliegende Brachfeld schwemmten. Eine Weile schaute Herakles den sprudelnden Bächlein zu, dann schlief er ein.

Als der König von dieser ungewöhnlichen Art, Ställe zu reinigen, erfuhr, eilte er wütend zu dem schlummernden Herakles hin.

„Was fällt dir ein, meinen Bach umzuleiten und dabei noch zu schlafen!“, schrie er zornig und stürzte sich auf den Schlafenden.

Herakles erwachte. „Wir haben nicht vereinbart, wie ich deine

Ställe reinige“, entgegnete er. Dagegen konnte der König nichts sagen. Zwar weigerte er sich, Herakles seinen versprochenen Lohn zu geben, doch Herakles hatte seine Aufgabe gelöst.

Herakles fängt den Stier des Minos

Einst hatte eine Sturmflut die Insel Kreta bedroht. König Minos von Kreta flehte in seiner Not Poseidon, den Herrn der Stürme, um Hilfe an und versprach dem Gott des Meeres, ihm das Erste zu opfern, was ihm nach dem Sturm aus dem Meer entgegenschwimmen würde. Poseidon erhörte den König und besänftigte die Flut. Das Erste aber, was König Minos aus dem Meer entgegen kam, war ein außergewöhnlich schöner, weißer Stier.

„Und dieses prachtvolle Tier soll ich opfern?", dachte Minos. In seiner Gier beschloss er, Poseidon zu überlisten und den Stier zu behalten. Stattdessen opferte er feierlich einen anderen Stier, der kleiner, mager und nicht so strahlend weiß war. Doch Poseidon ließ diesen Betrug nicht ungestraft. Er machte den schönen weißen Stier wild und wahnsinnig. Das Tier riss sich los und flüchtete in die Berge Kretas. In seiner Verrücktheit war er überaus gefährlich und versetzte ganz Kreta in Schrecken. Er verwüstete die Felder und Gärten der Bauern und tötete Kälber und Kühe und sogar Menschen. Keiner konnte ihn erlegen.

Diesen wilden, weißen Stier lebendig und unverletzt zu fangen und nach Mykene zu bringen gebot König Eurystheus nun dem Herakles.

Herakles begab sich also nach Kreta, um den Stier zu fangen. König Minos war darüber sehr erfreut. Er begleitete Herakles in die Berge, um den Stier zu suchen. Der König war in voller Rüstung, Herakles hingegen nahm keine Waffen mit, nur einen festen Strick, denn er musste den Stier lebendig fangen.

Den ganzen Tag wanderten sie durch das felsige, waldige Land der Insel. Schließlich wurde es Nacht. Im Mondschein kamen die beiden Männer zu einer einsamen Steinhütte, wie Hirten sie bauen. Hier wollten sie übernachten.

Doch plötzlich hörten sie aus der Hütte ein Keuchen und Schnauben. Vorsichtig lugte Herakles durch die Türöffnung in das Innere der Hütte, dann legte er hastig den Finger auf den Mund.

„Der Stier!", formten seine Lippen. Er deutete König Minos, sich neben der Hütte auf den Boden schlafen zu legen, er selbst stellte sich neben der Tür auf. Während sich König Minos unruhig im Gras wälzte, stand Herakles die ganze Nacht neben der Tür und wartete, bis der Stier endlich erwachte und schlaftrunken aus der Hütte taumelte. Da warf Herakles ihm blitzschnell die Seilschlinge um den Hals und zog sie mit einem festen Ruck zu. Das Tier stürzte zu Boden. Herakles ließ den Strick ein wenig locker, dann führte er den Stier zum Meer hinunter.

Am Strand verabschiedete sich Herakles von König Minos und schwamm mit dem Stier über das Meer nach Mykene.

Am Hof von Mykene schloss Herakles auf Geheiß des Königs Eurystheus den wilden Stier aus Kreta in einen Stall ein und nahm ihm den Strick ab. Wenige Tage später riss das Tier sich los und stürmte durch Griechenland bis nach Attika, wo er, wie zuvor in Kreta, die Bevölkerung in Schrecken versetzte. Einige Jahre später gelang es dann Theseus, dem Helden von Athen, den Stier neuerlich einzufangen.

Herakles erringt die goldenen Äpfel der Hesperiden und überlistet Atlas

Zur Hochzeit des Zeus und der Hera hatte Erdmutter Gaia dem Brautpaar einen Baum mit goldenen Äpfeln geschenkt. Dieser wuchs am Ende der Welt, seine Äpfel wurden von den Hesperiden bewacht, den Töchtern der Nacht, und dazu noch von einem hundertköpfigen Drachen, welcher niemals schlief. Von diesem Baum sollte Herakles dem König Eurystheus drei goldene Äpfel bringen.

Nach langem Suchen kam Herakles schließlich zu den Bergen am Ende der Welt, hinter denen der Garten der Hesperiden lag.

Auf dem höchsten Berggipfel hockte der Riese Atlas und trug auf seinen Schultern das Himmelsgewölbe.

„Vielleicht kann Atlas mir helfen, die Äpfel zu erlangen", dachte Herakles und stieg zu dem Titanensohn hinauf. Freundlich begrüßte er den Riesen.

„Du sprichst mit einem Elenden", jammerte Atlas, „denn ich bin von Zeus dazu verdammt, für alle Zeiten den Himmel zu tragen!"

Verständnisvoll antwortete Herakles: „Auch ich muss die schwierigsten Aufgaben lösen. Dieses Mal soll ich drei goldene Äpfel aus dem Garten der Hesperiden holen!"

„Das ist wirklich schwierig für einen Menschen", bestätigte Atlas.

„Gewiss", seufzte Herakles. „Kannst du mir vielleicht einen Rat geben?"

„Ich könnte dir sehr wohl helfen", entgegnete der Riese. „Ich kenne ein geheimes Kraut, mit dem man den Drachen einschläfern kann. Und die Hesperiden können mir, Atlas, nichts antun! Doch ich darf meinen Platz hier nicht verlassen!"

„Würdest du die Äpfel für mich holen, lieber Atlas?", fragte Herakles. „Ich will so lange das Himmelsgewölbe für dich tragen!"

„Wenn du meinst", erwiderte Atlas mit einem feinen Lächeln. „Bedenke jedoch: Du bist zwar sehr stark, Herakles, aber der Himmel ist ziemlich schwer!" Mit diesen Worten lud er Herakles das Himmelsgewölbe auf die Schultern. Dieser wäre unter der Last fast zusammengebrochen, doch da eilte die Göttin Athene herbei und half ihm tragen.

Endlich kam Atlas mit drei Äpfeln zurück.

„Schnell, nimm das Himmelsgewölbe“, drängte Herakles. „Ich kann es nicht länger halten!“ Denn trotz Athenes Hilfe lastete der Himmel schwer auf seinen Schultern.

Atlas aber lachte laut auf. „Du glaubst doch nicht im Ernst, dass ich diese Last wieder übernehme, die ich nun endlich losgeworden bin!“, rief er, legte Herakles die Äpfel vor die Füße und wandte sich vergnügt zum Gehen.

„Du hast mich überlistet“, gab Herakles zu. „Aber ich bitte dich, halte nur für einige Augenblicke noch den Himmel, damit ich mir ein Kissen aus Blättern machen kann, denn das Himmelsgewölbe drückt so stark.“

Atlas, gutmütig in seiner Freude, übernahm noch einmal das Himmelsgewölbe. Herakles aber hob die goldenen Äpfel auf und sprang außer Reichweite des Riesen.

„Leb wohl, Atlas!“, rief er und eilte mit den Äpfeln fort. Atlas aber musste von da an das Himmelsgewölbe wieder selber tragen.

Zwölf schwere, nahezu unmögliche Aufgaben musste Herakles für den König Eurystheus verrichten. Dann war er endlich frei für andere, freiwillige Heldentaten.

Im Labyrinth des Minotaurus

Theseus und Ariadne

Theseus war der einzige Sohn und Erbe des Königs von Athen.

Damals standen die Athener unter der Herrschaft des Königs Minos von Kreta. Alle neun Jahre mussten sie ihm als entsetzlichen Tribut sieben Jünglinge und sieben Jungfrauen schicken. Minos warf diese jungen Menschen dann dem Minotaurus als Opfer vor.

Der Minotaurus war ein Ungeheuer, halb Stier, halb Mensch, und lebte in dem berühmten Labyrinth nahe dem Palast des Minos in Kreta, das einst der berühmte Bildhauer und Baumeister Dädalos gebaut hatte.

Die Opfer wurden in Athen durch das Los gewählt. Theseus meldete sich freiwillig, er suchte eine Gelegenheit, dem menschenfressenden Stierungeheuer zu begegnen, um es zu töten und damit diesen schrecklichen Opferungen ein Ende zu bereiten.

König Minos empfing die jungen Athener freundlich und lud sie zu einem letzten Gastmahl in seinen Palast ein. An diesem Mahl nahm auch Prinzessin Ariadne mit ihren Hofdamen teil.

Theseus musste immer wieder zu der lieblichen Königstochter hinübersehen. Das junge Mädchen fühlte seinen Blick, und wie die Sage erzählt, verliebten Theseus und Ariadne sich sogleich heftig ineinander. Die Prinzessin hob ihren Becher und trank Theseus heimlich zu.

Als dann Minos seinen Kelch hob und voll Hohn einen Trinkspruch auf den Minotaurus sprach, blickte Theseus wieder zu der Prinzessin hin und sah Ariadne kaum merklich lächeln.

Als das Gastmahl zu Ende war und die Opfer den Saal verließen, um zu dem Labyrinth geführt zu werden, huschte Ariadne zu ihnen hin und flüsterte Theseus zu:

„Da, nimm dieses Garnknäuel, binde sein Ende am Eingang des Labyrinths fest und roll langsam den Faden ab, wo immer du hingehst. So kannst du aus dem Irrgarten sicher wieder hinausfinden.“ Sodann zog Ariadne ein kleines Schwert aus ihrem Gewand und drückte es Theseus heimlich in die Hand. „Das ist ein Zauberschwert“, sagte sie. „Mit diesem kannst du den Minotaurus töten. Und vergiss nicht, mich mitzunehmen, wenn ihr von Kreta flieht!“ Dann eilte sie davon.

„Ich werde dich niemals vergessen, Ariadne!“, sagte Theseus leise.

Die Opfer wurden zum Labyrinth gebracht. Theseus tat, was Ariadne ihm geraten hatte. Er band das Ende des roten Fadens am Eingang fest und ließ das Garn abrollen, während er seinen Gefährten voraus durch die Irrgänge schritt.

Mit einem Mal hörten sie ein grässliches, gieriges Schnauben und plötzlich stand der Minotaurus vor ihnen. Doch ehe er sich auf seine Opfer stürzen konnte, warf Theseus sich ihm entgegen und tötete ihn mit dem Zauberschwert der Prinzessin. Dann fanden sie alle mit Hilfe des roten Fadens durch die Irrgänge des Labyrinths zum Ausgang zurück.

Die Königstochter hatte sich unweit des Eingangs versteckt und wartete auf die Geretteten. Sie drückte Theseus eine Axt in die Hand und sagte hastig:

„Zerschlagt schnell die Böden der königlichen Schiffe, dann können sie uns nicht verfolgen!“

Theseus und seine Freunde befolgten Ariadnes Rat, sie zerschlugen die Schiffsböden und flohen auf das athenische Schiff, das schon mit gehissten Segeln auf sie wartete. Die Matrosen lichteten den Anker und die Geretteten flüchteten über das Meer nach Athen. Theseus nahm Prinzessin Ariadne mit als seine Braut.

Auf der Insel Naxos machten sie Rast. Plötzlich erschien der Gott Dionysos vor den Athenern. Er war schon seit langem mit Ariadne verlobt und forderte von Theseus seine Braut zurück. Theseus musste sich dem Gott fügen und sah traurig Ariadne und Dionysos nach, wie sie auf einer Wolke fortflogen.

Das Ende dieser Sage wird aber auch ganz anders erzählt: Theseus war es, der auf der Insel Naxos seine schlafende Braut verließ und mit dem Schiff ohne sie nach Athen fuhr. Der Gott Dionysos erbarmte sich der verlassenen Ariadne, er heiratete sie und machte sie wieder zu der Göttin, die sie in alten Zeiten gewesen war.

Ein junges Mädchen gegen den Tyrannen

Antigone

Antigone, die Tochter des Königs Ödipus von Theben, hatte zwei Brüder. Nach der Vertreibung ihres Vaters stritten die beiden um die Herrschaft. Polyneikes, der ältere Bruder, schlug vor, sie sollten abwechselnd regieren. Er als Erstgeborener würde zuerst König sein. Eteokles aber vertrieb den älteren Bruder aus dem Land und setzte sich selbst auf den Thron. Polyneikes fand in der Stadt Argos freundliche Aufnahme, er heiratete sogar die Tochter des Königs und sammelte mit Hilfe seiner neuen Verwandten ein großes Heer. Dieses zog, in sieben Heeresgruppen geteilt, gegen die sieben Tore der Stadt Theben.

Angesichts dieser Übermacht schlug König Eteokles seinem Bruder einen Zweikampf vor, der den Krieg entscheiden und beenden sollte.

Antigone schaute dem Zweikampf zu und musste mitansehen, wie ihre beiden Brüder fast zur gleichen Zeit fielen.

Eteokles war sofort tot. Polyneikes atmete noch. Weinend warf sich Antigone über den sterbenden Bruder.

„Liebe Schwester", flehte Polyneikes, „sorge dafür, dass ich in meiner Heimatstadt begraben werde." Und Antigone versprach es.

Nach dem Tod der beiden Brüder bestieg Kreon, der Bruder ihrer Mutter, den Thron von Theben. Eteokles wurde auf seinen

Befehl feierlich bestattet. Doch Polyneikes zu begraben verbot der neue Herrscher.

„Polyneikes ist ein Verräter. Er wollte seine Heimatstadt mit Krieg und Feuer überziehen und vernichten", erklärte er. „Deshalb darf er kein Grab bekommen. Er soll auf dem Schlachtfeld liegen bleiben, vor den Mauern der Stadt, den Geiern und wilden Hunden zum Fraß! Bei Todesstrafe verbiete ich: Keiner in der Stadt darf Polyneikes begraben, keiner darf die Totenklage für ihn anstimmen!"

Antigone war fest entschlossen, trotz des Verbotes ihr Versprechen zu halten. Heimlich in der Nacht huschte sie aus der Stadt zu dem toten Bruder, der noch immer auf dem freien Schlachtfeld lag.

„Polyneikes hat großes Unrecht gegen die Stadt Theben begangen", dachte sie, „aber auch Kreon begeht großes Unrecht, ihm eine Beerdigung zu verweigern, denn er beleidigt damit die Götter!"

So schlich Antigone an den Wächtern des Kreon vorbei. Dem Toten ein Grab zu schaufeln hatte sie nicht die Kraft, dazu war die Erde zu hart, und das Klirren des Spatens wäre den Wächtern wohl aufgefallen. Doch sie streute eilig einen Korb voll Erde aus seiner Heimatstadt über den Toten und goss aus einem Krug das Totenopfer über ihn aus – Wein, Honig und Quellwasser mit Milch vermischt, wie es Brauch war, und murmelte leise die Totenklage. Da sprangen plötzlich die Wächter des Kreon herbei, nahmen Antigone fest und brachten sie vor den König.

Kreon war außer sich vor Wut, dass seine Nichte Antigone sein Gebot übertreten hatte.

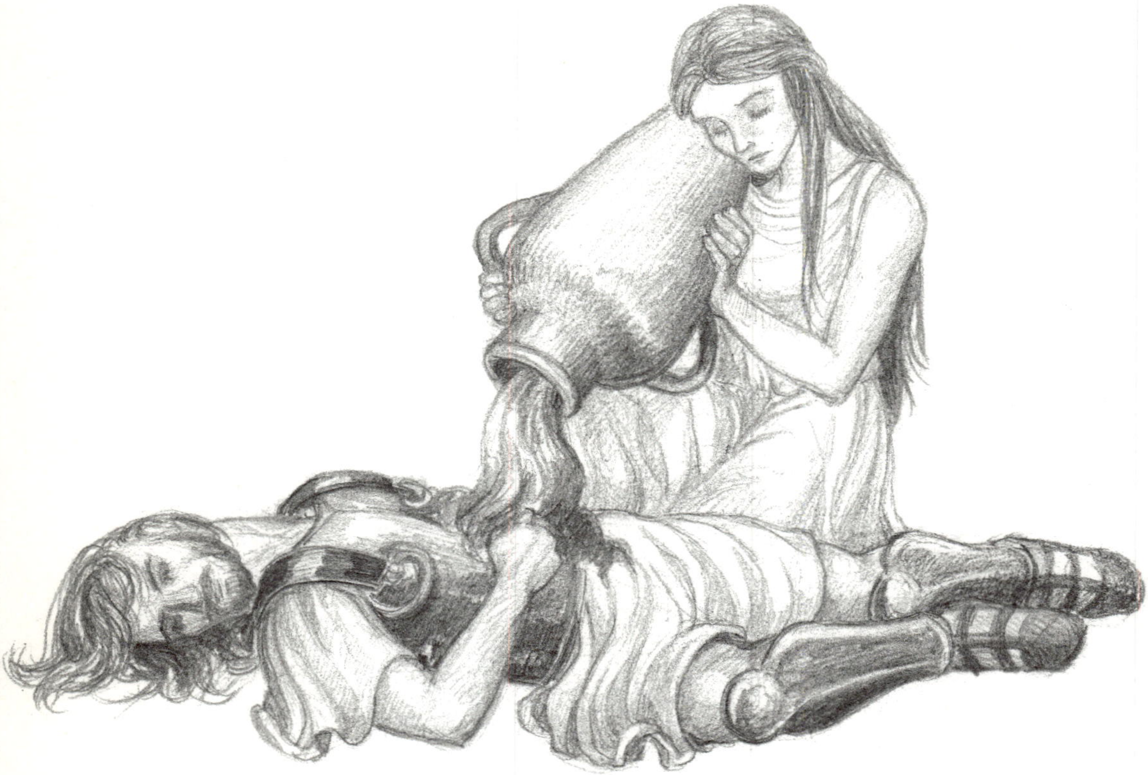

„Was hast du zu deiner Verteidigung zu sagen?", schrie er. „Kennst du mein Gesetz nicht?"

„Natürlich kenne ich es", entgegnete Antigone. „Doch es ist bloß das Gesetz eines Menschen. Das Gebot aber, dass man Tote begraben muss, ist ein ewiges, ungeschriebenes Gesetz der Götter, das kein Sterblicher übertreten darf. Es befiehlt mir, meinen Bruder Polyneikes zu begraben."

Kreon zögerte. Antigone war schließlich die Tochter seiner

Schwester und mit seinem einzigen Sohn verlobt. Er mochte sie gut leiden und wollte sie nicht so hart bestrafen.

Antigone aber sprach unbeirrt weiter: „Auch die Bürger der Stadt sind auf meiner Seite, doch sie wagen es nicht, ihren Unmut laut auszusprechen!"

„Sei nicht starrsinnig, Nichte", mahnte Kreon ungeduldig. „Du musst dich fügen, du bist in meiner Gewalt! Gib zu, dass du falsch gehandelt hast, sag, dass du deine Tat bereust, dann will ich Gnade walten lassen."

Aber Antigone wollte nicht nachgeben. „Das kann ich nicht, Kreon", sagte sie. „Du kannst mich töten lassen, aber für mich ist es noch viel schlimmer, wenn ich der Seele meines Bruders weh tue."

„Auch Eteokles war dein Bruder", wandte Kreon ein. „Du tust ihm Unrecht, wenn du seinen Feind ehrst."

„Nein. Als Toter kann er nicht mehr so denken", erklärte Antigone. „Im Totenreich sind alle gleich, dort gibt es keine Freunde und keine Feinde mehr."

„Niemals kann ein Feind zu einem Freund werden", sagte Kreon hart.

„Doch", erwiderte Antigone. „Es muss möglich sein. Wir müssen endlich lernen, nicht länger zu hassen, sondern zu lieben. Sonst wird es niemals Frieden geben!"

Kreon aber ließ sich von Antigones Worten nicht beeindrucken, er verurteilte seine Nichte zum Tod.

Der Trojanische Krieg

Nach Homers Ilias

Dies ist die berühmte Sage vom großen Feldzug der Griechen gegen die Stadt Troja in Kleinasien. Aber wie kam es dazu, dass die untereinander sonst so uneinigen griechischen Fürsten gemeinsam einen Feldzug von so großem Ausmaß unternahmen? Taten sie das wirklich nur, um die geraubte Helena zurückzuholen?

Paris von Troja

In der Stadt Troja am Ufer des Mittelmeeres lebte einst König Priamos mit seiner Frau, Königin Hekabe. Sie hatten fünfzig Söhne und fünfzig Töchter. Vor der Geburt ihres zweiten Sohnes, Paris, hatte Hekabe einen schrecklichen Traum: Sie träumte, sie werde einen „Feuerbrand" zur Welt bringen und dieser werde ganz Troja in Schutt und Asche legen. Hekabe war über diesen Traum so erschrocken, dass sie ihr neugeborenes Söhnchen in einem Korb im Wald aussetzen ließ.

Der kleine Paris hatte Glück: Eine Bärin entdeckte den Kleinen und nährte ihn mit ihrer Milch. Später fanden ihn mitleidige Hirten. So wuchs Prinz Paris als Hirte unter Hirten und Herden auf.

Der goldene Apfel

An der Hochzeit des Peleus und der Meeresgöttin Thetis, der Eltern des Achilles, nahmen alle Götter und Göttinnen als Ehrengäste teil. Nur Eris, die Göttin der Zwietracht, war nicht eingeladen, doch sie schlich voll Zorn heimlich in den Festsaal und warf

einen goldenen Apfel unter die Hochzeitsgäste. Auf diesem Apfel stand geschrieben: Der Schönsten!

Und nun wollte jede der Frauen im Saale die Schönste sein.

Auch die Göttinen Hera, Aphrodite und Athene stritten um diese Ehre, und weil sie sich nicht einigen konnten, beschlossen sie, einen Schiedsrichter zu suchen. Ihre Wahl fiel auf den jungen Paris von Troja, der damals noch in den wilden Tälern des Ida-Gebirges seine Schafherden hütete.

Die drei Göttinen bestachen Paris mit Geschenken. Hera versprach ihm:

„Wenn du mir den Preis der Schönheit zuerkennst, will ich dir Macht und Herrschaft schenken!"

„Wenn du den Sieg mir zusprichst, will ich dir die höchste Weisheit im Leben und im Kampfe schenken!", verhieß ihm Pallas Athene.

Aphrodite aber sagte: „Wenn du mich wählst, sollst du die schönste Frau der Welt haben und höchstes Glück in der Liebe erleben!"

Dem jungen Paris gefiel Aphrodites Geschenk am besten und er sprach ihr den goldenen Apfel zu. Von nun an war Paris Aphrodites Liebling, Hera und Athene aber waren seine erbitterten Feindinnen.

Paris und Helena

Wenige Monate später kam Paris zu Wettkämpfen in die Stadt Troja. Er gewann alle Kampfspiele, besiegte sogar seinen älteren Bruder, den tapferen Hektor. Dabei wurde Paris von seiner Schwester, der Seherin Kassandra, als Bruder erkannt und blieb nun als Königssohn am Hofe seines Vaters.

Nach einiger Zeit schickte König Priamos ihn an der Spitze einer friedlichen Gesandtschaft nach Griechenland. Paris sollte dort über die Rückgabe seiner Tante Hesione verhandeln. Die Schwester des Königs Priamos war als junges Mädchen von Herakles geraubt worden. Sie hatte einen griechischen Helden geheiratet und lebte seit vielen Jahren in Griechenland.

Auf seiner Reise kam Paris auch nach Sparta. Dort wurde er von König Menelaos mit allen Ehren empfangen, wie sie einem friedlichen Gesandten zustanden. Im Tempel begegnete Prinz Paris der Gemahlin seines Gastgebers, Königin Helena. Helena galt damals als die schönste, anmutigste und geistvollste Frau der Welt, und das war nicht übertrieben. So bezaubernd war sie, dass Paris sich vom ersten Augenblick an unsterblich in sie verliebte. Er dachte nur noch an Helena und vergaß, warum er nach Griechenland gekommen war.

Heimlich zeigte er der schönen Helena, wie sehr er sie bewunderte, und warb um ihre Zuneigung. Er sang Helena zu seiner Lyra seine schönsten Lieder vor und sie hörte ihm gerne zu.

In einer dunklen, mondlosen Nacht entführte Paris die Königin von Sparta nach Troja und er nahm auch viele Kostbarkeiten aus dem Palast mit sich.

Iphigenie soll geopfert werden

Mit dem Raub der Helena hatte Paris gegen das heilige Gesetz der Gastfreundschaft verstoßen. König Menelaos von Sparta und sein Bruder Agamemnon, der Großkönig von Mykene, sandten Boten in alle Städte Griechenlands, um bei den griechischen Fürsten für einen Feldzug gegen Troja zu werben.

Troja war damals eine mächtige Stadt, sie lag direkt an der Meerenge zum Schwarzen Meer. Auch das war ein wichtiger Grund für die Griechen, Troja zu erobern. Denn wer Troja besaß, herrschte über den Zugang zum Schwarzen Meer.

Die griechische Flotte sammelte sich in der Hafenstadt Aulis. Jeder Fürst brachte eine Anzahl von Schiffen mit. Hier kam es zu einem bösen Zwischenfall:

Um sich die Zeit zu vertreiben, jagte Agamemnon, der oberste Heerführer des vereinigten Griechenheeres, in den Wäldern um Aulis, und dabei erschoss er eine heilige Hirschkuh der Göttin Artemis. Die Göttin war darüber so erzürnt, dass sie Zeus bewog, über Aulis eine Windstille zu verhängen, damit die Schiffe den Hafen nicht verlassen konnten.

Der berühmte Seher Kalchas befragte das Orakel nach dem Grund der plötzlichen Flaute und deutete es so:

„Die Göttin Artemis zürnt unserem Heerführer Agamemnon. Um sie zu versöhnen, muss Agamemnon der Göttin seine Tochter Iphigenie als Opfer darbringen. Nur dann können die Schiffe den Hafen verlassen."

Zuerst war Agamemnon über diese Forderung entsetzt. Dann aber gelangte er zu der Überzeugung, der große gemeinsame Feldzug und die Eroberung Trojas seien wichtiger als seine Familie. Daher ließ er seine Tochter Iphigenie mit ihrer Mutter nach Aulis kommen, um sie, wie er vorgab, mit dem jungen Achilles zu verloben. Iphigenies Mutter Klytaimnestra jedoch begriff sehr schnell den wahren Grund ihrer Reise nach Aulis und versuchte verzweifelt, ihrem Gemahl von seinem Vorhaben abzubringen:

„Du kannst nicht unser Kind opfern!", beschwor sie ihn.

Agamemnon aber blieb unerbittlich. „Ich darf meine Familie nicht vor das Heil unseres Landes stellen", erklärte er. „Die Ehre ganz Griechenlands steht auf dem Spiel." Vielleicht wagte er auch nicht, den Zorn der anderen Fürsten auf sich zu ziehen, die schon ungeduldig darauf warteten, endlich nach Troja aufzubrechen.

Auch Iphigenie flehte um Gnade. „Was geht mich Troja an?", weinte sie.

„Bedenke doch: Mit deinem Opfer kannst du unser aller Ehre retten!", bedrängte Agamemnon seine Tochter.

Daraufhin willigte Iphigenie ein. Erhobenen Hauptes stieg sie auf den Opferaltar.

Klytaimnestra aber konnte ihrem Gemahl diese Härte nicht verzeihen. Mit einem Herzen voll Zorn und Trauer fuhr sie nach Mykene zurück.

Im letzten Augenblick legte die Göttin Artemis statt des Mädchens Iphigenie eine Hirschkuh auf den Opferaltar, sie brachte Iphigenie ins Land der Taurer im fernen Kaukasus und setzte sie dort in ihrem Tempel als ihre Priesterin ein. Und keiner der Griechen bemerkte, was geschehen war.

Sogleich wehte ein günstiger Wind und die griechische Flotte brach nach Troja auf.

Der Beginn des Trojanischen Krieges

Troja war eine große, reiche Stadt und hatte viele Verbündete. An ihren starken Mauern hatten einst Apollo und Poseidon mit eigenen Händen mitgebaut und deshalb hielt man diese Mauern für unzerstörbar.

Die Griechen hatten den Trojanern gedroht, ihre Stadt in Schutt und Asche zu legen, falls diese Helena nicht zurückgaben. Doch sie wussten, dass die Trojaner Helena niemals ausliefern würden. Denn diese hatten die Gemahlin des Menelaos als Schutzflehende in ihre Stadt aufgenommen. Und selbst wenn sie Helena preisgaben, würden die Griechen nicht aus Troja abziehen.

All das wussten auch die Trojaner. Sie waren aber überzeugt, dass die Griechen ihre Stadt niemals erobern könnten.

Hektor, der älteste Sohn des Priamos, war ein berühmter, starker und tapferer Held und Feldherr, den bisher noch niemand besiegt hatte. Die Trojaner glaubten fest, die Griechen würden umkehren, sobald sie auf starke Gegenwehr stießen, und sich nicht auf die lange Belagerung einer so stark befestigten Stadt einlassen, die noch dazu so viele Verbündete hatte. Die Griechen wiederum waren überzeugt, die Stadt Troja in einem Blitzkrieg von wenigen Tagen erobern zu können.

Nach mehreren Gefechten, die keine Entscheidung brachten, bauten die Griechen am Meeresufer vor ihren Schiffen ein festes Feldlager mit einem starken Erdwall und einem breiten Graben rundum.

Der Zorn des Achilles

Zehn Jahre dauerte die Belagerung, ohne dass eine Entscheidung fiel. Immer wieder gab es Schlachten und Gefechte, in denen einmal die Trojaner stärker waren, einmal die Griechen. Es gab viele Tote, doch zu einer Entscheidung kam es nicht.

Die griechischen Helden Achilles und Ajax unternahmen in diesen Jahren kleine Raubzüge in die Umgebung und eroberten einige Städte im Umland von Troja, schleiften deren Mauern und verbrannten die Häuser. Die Männer töteten sie, die Frauen und Kinder, zahlreiche Schätze und auch die dringend nötigen Lebensmittelvorräte und Vieh wurden als Beute in das Lager der Griechen geschleppt.

Bei einer solchen Gelegenheit erbeutete Achilles die schöne

Jungfrau Briseis. Er gewann das Mädchen lieb und sie lebten zusammen, nicht wie Herr und Sklavin, sondern wie Eheleute.

Die gesamte Beute aus diesen Raubzügen, auch die gefangenen Frauen, wurde unter allen Griechenfürsten und Mannschaften verteilt. Agamemnon als der Oberfeldherr erhielt einen großen Teil an Vieh und kostbaren Schätzen, und er bekam auch die schöne Jungfrau Chryseis.

Wenige Tage später kam der Vater des Mädchens Chryseis, ein Priester des Apollo, mit vielen wertvollen Schätzen in das Lager der Griechen, um seine Tochter freizukaufen, doch Agamemnon schickte ihn höhnisch fort. Nun aber kam Apollo seinem Priester zu Hilfe: Er schoss einige Pestpfeile in das Griechenlager, sogleich brach im griechischen Heer die Pest aus und viele Griechen starben. Auf Rat des Sehers Kalchas schickte Agamemnon nun das Mädchen Chryseis mit vielen kostbaren Geschenken ihrem Vater zurück. Zur selben Stunde hörte die Pest auf.

Aber nun wollte Agamemnon Ersatz für seine schöne Sklavin haben.

„Das ist nicht möglich", erklärte Achilles. „Die Beute ist aufgeteilt. Du musst warten, Agamemnon, bis wir Troja erobert haben, dann bekommst du reichlichen Ersatz für Chryseis!"

Daraufhin wurde Agamemnon so zornig, dass er dem Achilles befahl, ihm seine schöne Sklavin Briseis zu überlassen. Achilles raste vor Wut, aber er musste sich seinem Oberbefehlshaber fügen und sich von seiner geliebten Briseis trennen. Doch Achilles konnte Agamemnon diese Kränkung nicht verzeihen und zog sich aus allen Kämpfen zurück. Von seinem Schiff aus beobachtete er von nun an das Kampfgeschehen um Troja.

Ein Zweikampf ohne Entscheidung

Bei einem der Gefechte forderte Paris den König Menelaos zum Zweikampf auf. Dieser Zweikampf sollte den Krieg entscheiden und weiteres Blutvergießen vermeiden. Menelaos war einverstanden, und die Soldaten auf beiden Seiten, Griechen und Trojaner, legten ihre Waffen nieder und setzen sich friedlich nebeneinander, um dem Kampf der beiden Helden zuzusehen.

Apollo, der auf der Seite der Trojaner stand, und Pallas Athene, die den Griechen half, setzten sich in Gestalt zweier Geier auf einen hohen Baum, um den Kampf zu beobachten.

Hektor und Agamemnon, die beiden Oberfeldherren, traten nun auf den Platz, den die Soldaten freigelassen hatten. Gemeinsam opferten sie ein Lamm und bekräftigten mit feierlichen Worten ihren Willen zum Frieden.

„Wenn Paris siegt“, sprach Agamemnon mit lauter Stimme, „werden wir Griechen abziehen und Troja in Frieden lassen! Ist aber der Sieg auf Seiten des Menelaos“, erklärte er, „erhält er Helena zurück. Das weitere Schicksal Trojas liegt dann in unseren Händen.“

Die Vorstellung von einem Ende der Kämpfe gefiel den Griechen wie den Trojanern. Zwar glaubte keiner wirklich daran, doch für kurze Zeit flackerte die Hoffnung auf ein Ende des Krieges auf.

Der Zweikampf mit Lanze und Schwert begann. Menelaos war der Stärkere. Doch als er zum entscheidenden Schwerthieb ausholte, war Paris plötzlich verschwunden und eine Nebelwolke schwebte auf die Mauern der Stadt Troja zu. Aphrodite hatte ihren Liebling Paris in schützenden Nebel gehüllt und nach Troja entrückt. Verwundert suchte Menelaos seinen Gegner, aber Paris war und blieb verschwunden. Daraufhin sprach Agamemnon den Griechen den Sieg zu. Die Trojaner schwiegen dazu.

Als zwei Gastfreunde in der Schlacht aufeinandertrafen

Der Krieg ging weiter. Immer wieder gab es Gefechte und Schlachten, immer wieder floss Blut.

In einem der vielen Kämpfe stürmte der griechische Fürst Diomedes auf seinem Streitwagen aus dem Getümmel hervor, auf der Seite der Trojaner der Lykier Glaukos, ein mit Troja verbündeter Fürstensohn. Die zwei Helden stießen aufeinander, um einen jener kleinen Zweikämpfe auszutragen, wie sie in einer Schlacht häufig vorkamen. Schon hoben die beiden Krieger ihre Schwerter, als Diomedes plötzlich seinen Gegner fragte:

„Wer bist du, edler Held? Du musst besonders stark und tapfer sein, wenn du es wagst, dich mir zum Kampfe zu stellen! Denn wer mit mir kämpft, der findet den Tod!"

„Warum fragst du nach meiner Herkunft?", entgegnete Glaukos. „Wir Menschen sind wie Blätter im Wald, die der Wind verweht, andere treiben neu aus in der Wärme des Frühlings. So ist das Geschlecht der Menschen, dieses wächst und jenes verschwindet. Aber wenn du meinen Namen erfahren willst, so wisse: Ich bin Glaukos, der Sohn des Hippolochos. Meine Ahnen kommen aus Griechenland, mein Großvater war der Held Bellerophontes ..."

Da stieß Diomedes seine Lanze in die Erde. „Wenn das so ist, edler Fürst Glaukos", rief er, „dann waren unsere Großväter Gastfreunde! Zwanzig Tage lang hat dein Großvater im Hause meines Großvaters gewohnt und sie haben kostbare Geschenke getauscht. Den goldenen Becher, den dein Großvater damals dem meinen schenkte, besitze ich heute noch. – Und wenn du einmal nach Argos kommst, sollst du mein Gast sein."

„Und du sollst mein Gastfreund sein, wenn du einmal nach Lykien reist!", antwortete Glaukos.

„Wir wollen nicht miteinander kämpfen", sprach Diomedes.

„So sei es. Wir wollen in der Schlacht einander meiden", bestätigte Glaukos.

Die beiden Helden stiegen von ihren Streitwagen und reichten einander die Hände. Und damit man sah, dass sie Gastfreunde waren, tauschten sie ihre Rüstungen. Glaukos gab Diomedes seinen goldenen Harnisch und erhielt dafür den erzenen des Griechen.

Schmerz und Versöhnung

Achilles, der größte Held der Griechen, war noch immer voll Zorn auf Agamemnon, weil dieser ihm Briseis weggenommen hatte, und er nahm deshalb noch immer nicht an den Kämpfen der beiden Heere teil.

Zu dieser Zeit waren die Trojaner siegreich. Sie stießen weit vor, sie überwanden sogar den Graben und den Wall, die das Lager der Griechen schützten. In ärgster Bedrängnis flüchteten die griechischen Kämpfer auf ihre Schiffe. Achilles aber saß tief gekränkt auf seinem Schiff und spielte auf seiner silbernen Laute.

Vergeblich hatte Agamemnon sich öffentlich bei ihm entschuldigt und ihm Briseis zurückgegeben. Nun sandte er Odysseus und Ajax zu Achilles, um ihn zu versöhnen und zu bitten, wieder am Kampf teilzunehmen. Denn mit Odysseus und Ajax verstand sich Achilles am besten.

Achilles bewirtete die Gefährten herzlich, doch er sagte zu ihnen: „Ich werde in den Krieg erst wieder eingreifen, wenn die Not der Griechen noch größer ist, sobald das erste Schiff brennt."

Traurig verließen Odysseus und Ajax den Freund. Kurze Zeit später war es so weit. Hektor warf die erste Fackel auf ein Griechenschiff. Ajax versuchte verzweifelt, das brennende Schiff zu retten, doch er konnte die lodernden Flammen nicht aufhalten.

Ein Brand auf den Schiffen bedeutete für die Griechen höchste Gefahr, denn ohne ihre Schiffe konnten sie niemals in die Heimat zurückkehren.

Auch Achilles erschrak, als er die Flammen auf dem griechischen Schiff lodern sah, konnte sich aber noch immer nicht entschließen, wieder mitzukämpfen. Allerdings erlaubte er seinen Männern, wieder in den Kampf zu ziehen, auch seinem besten Freund und Schützling Patroklos. Ihm borgte er sogar seine eigene kostbare Rüstung, seine göttlichen Waffen und seinen Kampfwagen.

Begeistert stürzte sich der junge Patroklos in den Kampf. Sogar auf Hektor selbst ging er los. Hektor hielt den jungen Hitzkopf, der Achilles' Rüstung trug, für Achilles selbst und erschlug ihn. Nur mit größter Mühe gelang es Menelaos und Ajax, den Leichnam des Patroklos zu retten.

Achill war untröstlich über den Tod seines jungen Freundes. Er schrie vor Schmerz, und nun bereute er seinen Zorn, der ihn so lange vom Kampf abgehalten hatte. Achilles und Agamemnon versöhnten sich feierlich, Achilles versprach wieder mitzukämpfen und schwor, nicht zu ruhen, ehe er nicht den Tod seines Freundes gerächt und Hektor getötet hatte. Mit dem Tod des stärksten Helden der Trojaner würden die Griechen siegen und Troja stürmen.

Hektor nimmt Abschied von seiner Frau Andromache

Als Hektor erfuhr, dass Achilles wieder am Kampf teilnehmen wollte, wusste er, dass es nun unausweichlich zu einem Zweikampf zwischen ihm und Achilles kommen würde. Und er wusste auch, dass er in einem solchen Zweikampf gegen Achilles, dessen Kräfte durch Zorn und Trauer ins Unermessliche gewachsen waren, wahrscheinlich unterliegen würde.

Vor diesem entscheidenden Kampf mit Achilles nahm Hektor von seiner Frau Andromache und seinem kleinen Sohn Abschied.

Andromache weinte. „Bleib bei mir, Hektor“, bat sie. „Kämpfe nicht mit Achilles! Er ist gnadenlos. Hast du vergessen, dass er auf einem seiner Beutezüge meine Vaterstadt zerstört und meinen Vater und meine sieben Brüder getötet hat?“

„Ich habe es nicht vergessen“, antwortete Hektor. „Er hat sie getötet, aber deinem Vater hat er ein ehrenvolles Begräbnis gestattet und ihm seine Waffen gelassen. Achilles kann wohl grausam sein, aber er ist ein tapferer und edler Held und hat Ehrfurcht vor den Toten.“

Andromache fasste nach Hektors Hand. „Kämpfe nicht mit Achilles“, wiederholte sie. „Es wird dein Tod sein!“

„Ich muss mit Achilles kämpfen“, entgegnete Hektor traurig. „Sollen die Griechen sagen, dass ich feige bin?“

„Lass sie reden!“, rief Andromache. „Wenn du nur am Leben bleibst!“

Hektor ließ den Kopf sinken. „Ich weiß, dass ich sterben werde“, sprach er. „Ich sehe es vor mir. Der Tag wird kommen, an dem das mächtige Troja in die Hände der mörderischen Griechen fällt. Hier wird kein Stein auf dem anderen bleiben. Lebt wohl, ihr Lieben!“

Hektor beugte sich über sein Kind und legte ihm sachte die Hand auf die Wange. Doch der Kleine schrie laut auf, denn er erschrak vor dem blitzenden Helm seines Vaters.

Mit einem schmerzvollen Lächeln nahm Hektor seinen Helm ab, hob den Kleinen in seine Arme und küsste ihn.

„Lebt wohl“, sagte er und umarmte seine Frau. „Die Götter mögen euch beschützen!“

Hektors Tod

Hektor erwartete Achill vor den Toren der Stadt. Als die Helden einander gegenüberstanden, wussten sie beide, dass einer von ihnen in diesem Kampf sterben würde. Beide waren sie traurig darüber, denn sie schätzten einander. In Friedenszeiten wären sie vielleicht Gastfreunde gewesen. Nun aber brachten sie es nicht über sich, auf diesen Kampf um Leben und Tod zu verzichten.

Aller Augen waren auf Hektor und Achilles gerichtet. Rundum schwiegen die Waffen.

„So lass uns denn beginnen", sprach Achilles endlich.

Hektor nickte. „Wenn ich dich töte", sagte er, „werde ich deine Waffen und deine Rüstung nehmen, deine Leiche aber werde ich deinen Gefährten überlassen. Tu mir Gleiches, wenn du siegst!"

Achilles jedoch erwiderte: „Ein jeder von uns wird tun, wie ihm ums Herz ist!" Und er warf als Erster seine Lanze.

Hektor wich zur Seite, dann schleuderte er seinen Speer, doch dieser prallte von Achilles' Brustpanzer ab.

Plötzlich bemerkte Hektor die Göttin Athene, die ihrem Schützling Achilles heimlich die Lanze zurückbrachte. Nun wusste Hektor, dass er diesen Kampf verlieren musste. Doch er wollte kämpfend sterben, zog sein Schwert und stürmte auf Achilles los. Achilles durchbohrte Hektor mit seiner Lanze an der Stelle, wo zwischen Hals und Brustpanzer ein Spalt klaffte.

„Patroklos ist gerächt!", rief Achilles. „Er wurde würdig begraben. Du aber, Elender, sollst zum Fraß der Hunde und Geier werden!"

„Der Sieg ist dein, Achilles", sagte der sterbende Hektor. „Du hast Trojas besten Helden besiegt. Behalte meine Waffen, meine

Rüstung, aber – ich flehe dich an – hab Erbarmen! Lass meine Familie und die Trojaner meinen Leib begraben!"

Achilles aber schüttelte den Kopf. „Nein", sagte er.

Die Trojaner waren über Hektors Tod so entsetzt, dass sie Hals über Kopf in die Stadt flohen, ohne um Hektors Leichnam und seine Rüstung zu kämpfen. Achilles aber band den toten Hektor mit den Füßen an seinen Kampfwagen und schleifte ihn zu den griechischen Schiffen.

Von den Mauern der Stadt aus sahen viele Trojaner diesen Schimpf mit an, auch Hektors greiser Vater Priamos und Hektors Mutter. Sie alle weinten und klagten laut um Hektor und auch um ihr eigenes Schicksal, denn mit dem Tod ihres besten Helden verloren sie jede Hoffnung auf die Rettung Trojas.

König Priamos besucht Achilles

Achilles war noch immer in seinem Schmerz um Patroklos gefangen. Am Morgen schleifte er Hektors Leichnam an seinem Kampfwagen dreimal um das Grabmal des Patroklos. Dann ließ er den Toten mit dem Gesicht im Sand liegen.

Hektors Vater konnte das von den Mauern der Burg her nicht länger mitansehen. In der nächsten Nacht fuhr er mit einem zweirädrigen Streitwagen allein ins Lager der Griechen, um Achilles um den Leichnam seines ältesten Sohnes zu bitten.

König Priamos traf Achilles alleine in seinem Zelt. Der alte König von Troja warf sich dem jungen Helden zu Füßen und weinte bitterlich. Auch Achilles weinte, er weinte über den Tod seines Freundes, er weinte auch über seinen eigenen Vater, der bald um seinen fernen toten Sohn Achilles trauern würde. Und beide weinten um die gefallenen Freunde, um die vielen Toten dieses Krieges.

„Ich flehe dich an, edler Fürst Achilles, nimm das Lösegeld an, das ich dir so reichlich gebracht habe, und gib mir meinen toten Sohn!", bat Priamos.

„König Priamos, ich bewundere deinen Mut", antwortete Achilles bewegt, „und dass du es wagst, allein ins Lager deiner Feinde zu kommen. Ich bedauere dich von ganzem Herzen, alter Mann, der so viele Söhne in diesem Krieg verloren hat."

„Gib mir meinen Sohn Hektor zurück!", flehte Priamos.

„Du sollst seinen Leib haben, König der Trojaner", antwortete Achilles. „Ich werde dir dazu einen kostbaren Mantel überlassen, als Totenkleid für Hektor."

Achilles befahl seinen Dienern, Hektors Leichnam zu waschen, zu salben und anzukleiden. Die Göttin Aphrodite hatte dafür gesorgt, dass Hektors Leib nicht entstellt war.

„Nun aber sei mein Gast, du musst hungrig sein nach all dem Leid", sagte Achilles. Priamos willigte ein und sie aßen zusammen. „Nun sage mir, edler König von Troja, wie viele Tage braucht ihr, um Hektor in Ehren zu bestatten?"

König Priamos erbat sich elf Tage für das Begräbnis und die Wettkämpfe zu Ehren des Toten und Achilles versprach: „Ich werde dafür sorgen, dass der Kampf elf Tage lang ruht!"

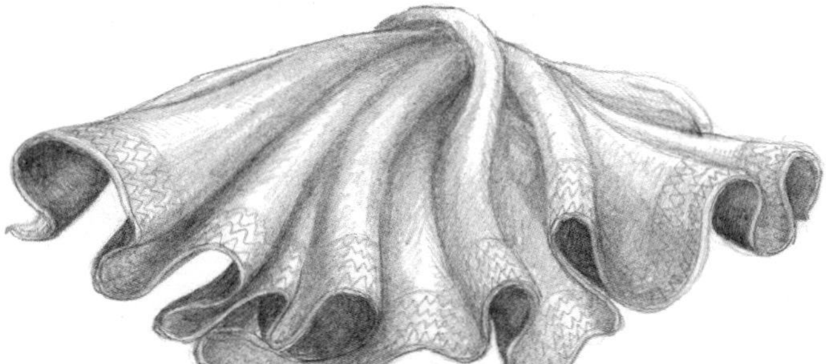

Die Amazonenkönigin

Mit Hektors Tod schien das Schicksal der Trojaner besiegelt. Es war nur noch eine Frage der Zeit, wann sie endgültig besiegt waren. Doch da kam die Amazonenkönigin Penthesilea, um eine alte Dankesschuld zu begleichen, den bedrängten Trojanern mit einem kleinen Frauenheer zu Hilfe. Tollkühn stürzten die kriegerischen Frauen sich auf die überraschten Griechen und die Trojaner bekamen neuen Mut.

Allen Amazonen voran stürmte Penthesilea durch die Reihen der Griechen und erschlug viele Helden mit eigener Hand. Sogar auf Achilles selbst ging sie los. Dieser aber wollte nicht mit einer Frau kämpfen.

„Lass ab von mir“, mahnte er, „du bist sehr tapfer und sehr stark, aber ich bin stärker als du!“

Penthesilea aber stürzte auf ihn los, und als sie ihn mit ihrer erhobenen Waffe bedrohte, durchbohrte Achilles sie mit seinem Schwert. Die Trojaner bemerkten, dass die Amazonenkönigin gefallen war, und flüchteten in die Stadt.

Achilles beugte sich über die tote Gegnerin. Sie war so zart, so lieblich und schön!

„Warum wolltest du unbedingt mit mir kämpfen?“, fragte er traurig. „Was hätte ich tun sollen? Vor einer Frau davonlaufen?“

Lange stand Achilles vor der toten Penthesilea, das Herz tat ihm weh, weil er diese wunderschöne Frau getötet hatte. „Ich hätte sie lieben und heiraten können“, dachte er und war so traurig wie an dem Tag, als er seinen Freund Patroklos verloren hatte.

Aus Achtung vor den tapferen Frauen erlaubten die Griechen den Trojanern, die tote Amazonenkönigin und ihre gefallenen Kriegerinnen feierlich in Troja zu bestatten.

Der Tod des Achilles

Achilles kämpfte wie ein Rasender, als wollte er sein langes Fernbleiben vom Krieg ungeschehen machen und all seine traurigen Gedanken um Penthesilea und um seine vielen gefallenen Freunde vertreiben. Rastlos kämpfte er sich bis an die Tore Trojas vor.

Im Kampfgewühl entdeckte Paris den Achilles, der ihm den Rücken zuwandte, und schoss ein Pfeil nach ihm. Apollo sah den Pfeil des Paris fliegen und lenkte ihn auf die einzige Stelle, an der Achilles tödlich verwundbar war: auf seine Ferse.

Achilles war erst wenige Tage alt gewesen, als seine Mutter Thetis ihrem Sohn Unsterblichkeit verschaffen wollte. Deshalb tauchte sie das Kind in den Fluss, der durch die Unterwelt fließt, und hielt den Kleinen dabei an einer Ferse fest. Und an genau dieser Stelle, die nicht vom Wasser des Flusses benetzt worden war, war Achilles verwundbar.

Die Wunde an der Ferse war klein, aber unheilbar. Achilles wusste, dass er daran sterben musste, er kämpfte weiter, bis zum letzten Atemzug, und tötete noch viele Männer. Dann stürzte er tot zu Boden.

Paris bemerkte als Erster den Tod des stärksten Helden der Griechen und stürzte sich mit einem Freudenschrei auf den toten Feind, um ihm seine göttlichen Waffen und die Rüstung abzu-

nehmen. Zugleich stürmten Ajax und Odysseus herbei und viele andere folgten. Um den Leichnam des Achilles und seine Waffen entbrannte ein heißer Kampf. Erst als Paris durch einen Stein schwer am Kopf verletzt wurde, flüchteten die Trojaner in die Stadt zurück, und die Griechen trugen den toten Achilles zu den Schiffen. Das ganze Heer der Griechen weinte. Auch die unverwundbaren Rosse des Achilles vergossen bittere Tränen.

Das Schicksal des Ajax

Die Mutter des Achilles, die Meeresgöttin Thetis, wollte die kostbaren Waffen ihres Sohnes, die einst der Götterschmied Hephaistos selbst mit höchster Kunst geschmiedet hatte, dem besten und tapfersten der griechischen Helden überlassen. Ajax und Odysseus sprangen auf. „Ich bin der Tapferste!", riefen beide gleichzeitig. „Ich habe den toten Leib des Achilles aus den Händen der Trojaner gerettet!" Und sie funkelten einander wütend an.

„Hütet euch vor einem Streit!", mahnte der alte Nestor. „Ein Streit unter uns wäre das Schlimmste, was uns jetzt, nach dem Tod des Achilles, geschehen kann!" Aber die beiden Helden hörten nicht auf den weisen alten Mann. Beleidigungen und Beschimpfungen flogen hin und her. In den langen Jahren des Krieges hatte es manche Kränkung, manchen Streit zwischen dem ehrlichen Ajax und dem listenreichen, wortgewandteren Odysseus gegeben.

Schließlich fanden sie einen Ausweg: Trojanische Kriegsgefangene von fürstlichem Geblüt sollten den Streit entscheiden. Diese sprachen die Waffen des Achilles dem Odysseus zu.

Wütend fuhr Ajax auf und schrie: „Diese Schmach werde ich nicht dulden, niemals!"

Odysseus jedoch lächelte nur spöttisch und dieses Lächeln reizte Ajax mehr als die beleidigendste Rede. Er zog sein Schwert und stürzte auf Odysseus los. Nur mit Mühe konnten die Gefährten den rasenden Ajax festhalten und vom Versammlungsort drängen.

Ajax war außer sich. Er konnte keinen anderen Gedanken fassen als den, sich zu rächen. Umbringen wollte er die Griechen, die ihn beleidigt hatten, alle, die seiner Demütigung zugesehen und ihr schweigend zugestimmt hatten! Allen voran den heimtückischen Odysseus! Und mit erhobenem Schwert stürmte Ajax auf den Versammlungsplatz zurück.

Doch Athene, höchst besorgt um ihren Liebling Odysseus, blies Ajax Wahnsinn in den Kopf. Ajax hielt die Schafherde, die in der Nähe weidete, für griechische Männer, er stürzte sich auf die Tiere und richtete ein blutiges Gemetzel unter den Schafen an. Nun nahm Athene den Wahnsinn zurück, und entsetzt wurde Ajax gewahr, was er angerichtet hatte.

„Oh nein!“, schrie er auf. „Wie sehr müssen die Götter mich hassen, dass sie so etwas geschehen lassen!“ Verzweifelt schlug er die Hände vors Gesicht. Keinem Menschen konnte er jemals wieder in die Augen sehen, nie mehr durfte er unter seinen Freunden weilen. Er, Ajax, der ehrenwerte, von allen geachtete Mann, hatte sich vor Freund und Feind für alle Zeiten lächerlich gemacht.

Inzwischen hatten die anderen den Vorfall bemerkt. Zögernd näherten sie sich ihrem Gefährten. Allen voran ging seine Frau Tekmessa, die er einst als Sklavin erbeutet hatte und mit der er seit Jahren in Liebe zusammenlebte. Sie trug ihrer beider kleinen Sohn auf dem Arm.

„Leb wohl, Tekmessa", sagte Ajax. Weinend streichelte er seinem Kind über den Kopf. „Ich kann mit dieser Schmach nicht länger leben." Und er griff nach seinem Schwert.

„Lass mich nicht allein", beschwor Tekmessa ihn unter Tränen. Auch sein Halbbruder Teukros und andere baten Ajax, am Leben zu bleiben. Ajax aber sagte:

„Ich kann nicht. Teukros, mein Bruder, sorge du für meine Frau und meinen Sohn!" Dann stürzte er sich in sein Schwert und starb.

Das hölzerne Pferd

Eines Tages hatte der Seher Kalchas einen Traum. „Ich sah einen Adler, der eine Taube jagte", berichtete er dem Agamemnon. „Die Taube versteckte sich in einer Felsenspalte, wo der Adler sie nicht erreichen konnte. Listig wartete er vor dem Felsen, bis die Taube wieder herauskam, dann schlug er sie. Genauso sollten wir uns nicht länger bemühen, Troja zu erstürmen, sondern gleichfalls eine List gebrauchen."

Daraufhin entwickelte der listenreiche Odysseus einen Plan. Auf seinen Rat bauten die Griechen ein riesengroßes Pferd aus Holz und schmückten es mit kostbarem Zaumzeug. In dem hohlen Leib des Pferdes verbargen sich einige der besten Helden. Die übrigen Griechen brachen ihr Lager ab, sie verbrannten die Zelte und die Palisadenmauer, begaben sich auf die Schiffe und segelten fort. Sie fuhren jedoch nur bis hinter die nächste Insel, wo sie von Troja aus nicht mehr zu sehen waren. Dort warteten sie.

Erstaunt sahen die Trojaner von der Stadtmauer aus die dunklen Rauchwolken von den glosenden Resten des Feldlagers aufsteigen und die griechischen Schiffe ins Meer hinausfahren. Sie konnten kaum glauben, dass die Belagerer wirklich abgezogen waren.

Unweit der schwelenden Reste des Griechenlages stand einsam das große, hölzene Standbild eines Rosses. Die Trojaner eilten zum Strand, um das seltsame Gebilde näher zu betrachten. Manche wollten die hölzerne Pferdestatue als Siegesdenkmal in die Stadt schaffen, andere waren dafür, das Pferd ins Meer zu werfen oder zu verbrennen.

Kassandra, die trojanische Seherin, die immer wusste, was in Zukunft geschehen würde, aber niemals Glauben fand, warnte ihre Landsleute davor, das hölzerne Pferd in die Stadt zu ziehen, denn es würde Troja Verderben bringen. Aber auch diesmal glaubte ihr keiner.

Jetzt schleppten trojanische Soldaten einen Griechen herbei, der sich hinter einem Gebüsch verborgen hatte. Der Grieche flehte um Gnade und Schutz. Er habe sich mit seinen Gefährten tödlich verfeindet, behauptete er, deshalb sei er vor den Griechen geflohen und hätte sich versteckt.

„Dieses Pferd“, erklärte er den Trojanern, „haben die Griechen der Göttin Pallas Athene geweiht, um eine glückliche Heimfahrt zu erbitten. Sie hoffen, die Trojaner würden dieses Weihegeschenk am Meeresstrand stehen lassen und nicht als Beute in die Stadt bringen.“

„Die Hoffnung der Griechen ist vergeblich!“, rief ein Trojaner. „Nun ist klar, was sie mit diesem seltsamen Standbild bezweckten. Ziehen wir das Pferd in die Stadt! Oder gibt es unter euch einen, der den Griechen eine gute Heimfahrt wünscht?“

Einige Leute wurden in die Stadt geschickt, um Stricke und Rollen zu holen, mit deren Hilfe sie das riesige Standbild in die Stadt schaffen konnten.

Doch nun trat der Priester Laokoon mit seinen beiden Söhnen vor.

„Lasst uns dieses Dämonending verbrennen!", warnte er. „Es kommt nichts Gutes von den Griechen!"

Die Trojaner zögerten, schon wurden einige in ihrem Entschluss wankend. Doch da rollte aus dem Meer eine riesige Woge herbei, und aus dieser Woge kroch eine ungeheure Meeresschlange, ein Kind des Poseidon. Die Schlange glitt auf Laokoon zu und wand ihren gewaltigen Leib um den Priester und seine beiden Söhne und erdrückte alle drei. So hatte Poseidon die Griechen im Leib des Pferdes gerettet.

Den Trojanern erschien dies als ein sicheres Zeichen, dass Laokoon mit seiner Warnung unrecht gehabt hatte und dass ihnen von diesem Standbild keine Gefahr drohte. Feierlich zogen sie das hölzerne Pferd in die Stadt.

Die halbe Nacht feierten sie den Abzug der Griechen, sie aßen und tranken und tanzten und sangen. Schließlich waren fast alle betrunken eingeschlafen. Nun schlich der gefangene Grieche zu dem Ross hin und klopfte vorsichtig das vereinbarte Zeichen auf den hölzernen Bauch. Dann zündete er auf der Stadtmauer eine Signalfackel an. Das war für die griechischen Schiffe das Zeichen zurückzukehren. Leise krochen die griechischen Helden aus dem hölzernen Pferd und öffneten ihren Gefährten die Stadttore von Troja.

Die Griechen überfielen die Trojaner im Schlaf. Die Trojaner wehrten sich, so gut es ging, doch die meisten hatten sogar ihre Waffen abgelegt. Sie wehrten sich mit allem, was sie in die Hände bekamen, mit Beilen, Spießen, Tischen und Tonkrügen.

Bald brannte die ganze Stadt. In dieser Nacht wurden alle trojanischen Männer umgebracht, auch Knaben und wehrlose Greise. Und auch viele Griechen fanden in diesem letzten Kampf den Tod.

Die Frauen aber und ihre jungen Kinder wurden, soweit sie nicht im Kampf starben oder sich selbst töteten, als Gefangene auf die Schiffe der Griechen gebracht. Menelaos führte Helena aus dem brennenden Palast. Agamemnon nahm sich Kassandra, die alles vorausgesehen hatte, als Sklavin.

Unter den kämpfenden Trojanern befand sich ein Schwiegersohn des König Priamos, Aeneas. Als dieser sah, dass der Kampf aussichtslos und Troja nicht mehr zu retten war, nahm er seinen alten Vater Anchises auf den Rücken und seinen kleinen Sohn Askanios an der Hand und flüchtete aus der brennenden Stadt, wie ihm einst ein Orakel befohlen hatte. In einem nahen Tempelhain traf Aeneas eine kleine Schar getreuer Freunde, mit ihnen floh er auf einem Schiff aus dem brennenden Troja, um eine neue Heimat zu finden.

Aeneas und seine Gefährten waren die einzigen trojanischen Männer, die dem Tode entkamen. Nach zahlreichen Abenteuern erreichten sie Italien und ihre Enkel gründeten dort später die Stadt Rom.

Spielball der Götter

Orestes

Orestes war noch ein kleines Kind, als sein Vater Agamemnon als oberster Heerführer der Griechen gegen Troja zog. Da er jahrelang nicht wiederkehrte, verband Klytaimnestra sich mit einem anderen Mann. Aigisthos war ein Vetter ihres Gemahls. Die beiden Männer hatten die tödliche Feindschaft ihrer Väter übernommen.

Agamemnon hatte Klytaimnestra einst in die Ehe gezwungen, nachdem er ihren ersten Mann und ihren kleinen Sohn umgebracht hatte. Sie konnte ihm auch nie verzeihen, dass er ihre Tochter Iphigenie hatte opfern wollen. Klytaimnestra hatte Agamemnon nie geliebt, und nun sah sie keinen Grund, länger auf ihn zu warten. Wichtig war es auch, dem mykenischen Reich wieder einen König zu geben, der im Land anwesend war.

Die Frauen hatten es schwer in diesen Jahren. Überall fehlte es an Männern – an Fürsten, Bauern und Handwerkern. Und viele kamen nicht wieder.

König Agamemnon aber war einer jener Männer, die nach zehn Jahren Krieg heimkehrten. Als Feuerzeichen von Berg zu Berg die Kunde von der baldigen Heimkehr des obersten Heerführers der Griechen weitergaben, gab es für Aigisthos und Klytaimnestra nur einen Ausweg: Agamemnon musste sterben.

Klytaimnestra ging ihrem Gemahl bei seiner Heimkehr scheinbar freundlich entgegen und bereitete ihm selbst ein Bad. Als Agamemnon aber dann waffenlos aus dem Bad stieg, warf

Klytaimnestra ihm ein Netzhemd über, das sie eigens gewirkt hatte. Agamemnon verstrickte sich in dem Netz und Aigisthos und Klytaimnestra erstachen ihn mit einem Dolch.

Agamemnons einziger Sohn Orestes war damals zwölf Jahre alt. Er und seine Schwester Elektra hatten all die Jahre sehnsüchtig auf den Vater gewartet und waren über seinen Tod untröstlich, sie konnten der Mutter den Mord nicht verzeihen.

Elektra brachte den jüngeren Bruder zu einem Onkel in Sicherheit, der den jungen Neffen zusammen mit seinem gleichaltrigen Sohn Pylades erzog.

Sie selbst aber musste weiterhin im Hause der Mutter und des verhassten Stiefvaters leben.

Rache für den Vater wurde nun Elektras einziger Lebensinhalt und sie wartete auf den Tag, an dem ihr Bruder Orestes heimkeh-

ren und den Vater rächen würde. Mit großer Sorgfalt pflegte sie das Grab des Ermordeten.

Eines Tages kehrte Orestes nach Hause zurück. Am Grabe Agamemnons begegneten die Geschwister einander.

Apollo und die Erinnyen

Orestes war in einem großen Zwiespalt. Sein Herz war zerrissen zwischen der Liebe zu seiner Mutter und dem Wunsch, den geliebten Vater zu rächen. Apollo befahl ihm, die Mutter und den Stiefvater zu töten, und Orestes führte diesen Befehl aus.

Doch nun fielen die Rachegöttinen über den jungen Mann her, die Erinnyen, die Töchter der Nacht, die alle Frevler verfolgen. Muttermord war damals das schwerste aller Verbrechen. Erbarmunglos jagten die Erinnyen den jungen Orestes aus seiner Heimatstadt, sie trieben ihn von Ort zu Ort, von Land zu Land. Sein getreuer Freund Pylades begleitete ihn.

Die beiden flüchteten nach Delphi, in das Heiligtum des Apollo. War doch er es, der dem Orestes die Tat befohlen hatte. Aber auch Apollo konnte ihm nicht helfen, zu mächtig waren die Erinnyen. Sie durften zwar den Apollotempel in Delphi nicht betreten, aber sie lauerten draußen vor der Tempeltür auf Orestes.

Apollo konnte dem Jüngling nur einen guten Rat geben:

„Geh nach Athen, in den Tempel der Göttin der Weisheit, und bitte Pallas Athene um Hilfe!“

Orestes und Pylades begaben sich nach Athen, und Hermes, der Beschützer aller, die unterwegs sind, geleitete die beiden Jünglinge auf ihrem Weg. Doch die Erinnyen verfolgten sie weiter.

In Athen suchten die beiden jungen Männer im Tempel der Pallas Athene Schutz. Die wütenden Erinnyen verfolgten Orestes bis in den Tempel hinein.

Die Tochter des Zeus aber vertrieb die alten Göttinnen aus ihrem Tempel, dann hörte sie dem jungen Orestes zu. Und sie wusste auch, wie sie ihm helfen konnte:

„Ein menschliches Gericht soll diesen schwierigen Streit der Götter entscheiden", erklärte Pallas Athene, und sie berief die erste Gerichtsversammlung Athens ein.

Athene gab jedem Richter zwei Steine, einen weißen und einen schwarzen. Jeder von ihnen sollte einen Stein in eine große Schale legen. Den weißen, wenn er den Angeklagten für unschuldig hielt, oder den schwarzen, wollte er für Schuldspruch stimmen.

Zuerst klagten die Erinnyen Orestes des Muttermordes an.

Orestes verteidigte sich: „Als ich Klytaimnestra tötete, sah ich in ihr nicht meine Mutter, sondern die Mörderin meines Vaters. Und es ist meine Pflicht als Sohn, den Vater zu rächen und seine Mörder zu töten. So hat es mir auch Apollo befohlen."

Nun stimmten die Richter ab. Jeder legte einen seiner beiden Steine in die Schale.

Athene, die den Vorsitz des Gerichts führte, zählte sie.

In der Schale lagen gleich viele schwarze und weiße Steine. Da legte Athene ihren dazu, es war ein weißer Stein. Damit sprach sie Orestes von der Schuld des Muttermordes frei.

Mit diesem Schiedsgericht über Orestes hatte Athene ein unabhängiges Gericht geschaffen, das frei und unparteiisch über Verbrecher urteilte. Denn bisher war es immer Aufgabe der Verwandten eines Ermordeten gewesen, den Mörder zu bestrafen. Sie taten das meist, indem sie ihrerseits den Täter umbrachten. Worauf die Verwandten des ermordeten Mörders sich wieder an diesen rächten. So drehte sich der Teufelskreis von Blutrache unerbittlich weiter. Mit dieser Gerichtsverhandlung auf dem Athener Areopag war ein Anfang gemacht, ihn zu durchbrechen.

Die Erinnyen tobten über diese Entscheidung.

„Ihr jungen Götter setzt euch über das uralte Mutterrecht hinweg! Das werden wir nicht dulden!" Und sie schworen, sich an den Bürgern Athens zu rächen.

Athene und Apollo besänftigten die Erinnyen. „Nicht umsonst werdet ihr auch Eumeniden, die Wohlmeinenden, genannt", sprach Athene. „Euer Recht bleibt heilig. Und als Beweis dafür sollt ihr hier auf der Akropolis von Athen einen eigenen Tempel bekommen."

Daraufhin waren die Rachegöttinnen zufrieden und versprachen, künftig auch die Stadt Athen zu schützen.

Orestes und Iphigenie

Um sich ganz zu entsühnen, sollte Orestes nun auf Geheiß des Apollo in das ferne Land Tauris reisen, um das Standbild der Artemis zu holen, das dort in ihrem Tempel aufgestellt war. Orestes und Pylades brachen nach Tauris auf.

Die Priesterin in jenem Tempel der Artemis aber war keine andere als Iphigenie, die ältere Schwester des Orestes. Artemis hatte sie einst, vor dem Aufbruch der Griechenflotte nach Troja, vom Opferaltar in Aulis entrückt und nach Tauris gebracht.

Die Taurer hatten eine schaurige Sitte: Jeder Fremde, der an ihrer Küste landete, wurde im Tempel geopfert, und Iphigenie musste diese Opfer segnen. Sie konnte diesen Menschen nicht helfen, so gern sie es getan hätte.

Orestes und Pylades landeten mit einem Schiff am Ufer des Taurerlandes. Während sie überlegten, wie sie die Statue der Artemis holen könnten, wurden sie von den Küstenwächtern entdeckt, gefangen genommen und zum Tempel gebracht. Wie alle Fremden sollten auch sie geopfert werden.

Die Geschwister erkannten einander nicht.

Iphigenie bedauerte es zutiefst, dass die fremden Jünglinge, die noch dazu ihre Landsleute waren, sterben sollten. Sie begann mit ihnen ein Gespräch.

„Ich komme aus Mykene“, erzählte Orestes.

Iphigenie freute sich, als sie den Namen ihrer Heimatstadt hörte. Dann fragte sie die beiden Fremden nach dem Ausgang des Krieges gegen Troja und nach Agamemnon. Orestes berichtete, ohne die Schwester zu erkennen, vom Schicksal seiner Eltern. Iphigenie erschrak.

„Und Agamemnons Sohn Orestes? Lebt er noch?“, fragte sie.

Orestes erschauderte in Erinnerung an seine Tat. „Ja, er lebt“, antwortete er zögernd.

„So bringt, ich bitte Euch, einen Brief an Orestes nach Mykene, den ich schon lange geschrieben habe, in der Hoffnung, es würden einmal Bürger dieser Stadt hierher kommen. Einer von euch beiden soll der Bote sein. Doch leider werde ich wohl nur einen von euch vor dem Tode retten können.“ Und sie eilte fort, um den Brief zu holen.

Nun begann ein edler Wettstreit zwischen den Freunden, wer von ihnen sterben sollte. Orestes gewann diesen Streit und Pylades sollte der Bote sein. Ihm übergab Iphigenie den Brief.

„Lies das Schreiben“, bat sie, „damit du seinen Inhalt mündlich weitergeben kannst, falls der Brief dir verloren geht.“

Pylades las, voll Erstaunen.

„Ich werde Orestes den Inhalt dieses Briefes mitteilen!“, sagte er, und zu Orestes gewandt: „Ich soll dir berichten, lieber Freund, dass deine Schwester Iphigenie als Priesterin der Artemis im Lande der Taurer lebt. Sie bittet dich dringend, sie von dort fortzuholen!“

Da fielen die Geschwister einander glücklich in die Arme. Dann überlegten sie gemeinsam, wie sie alle drei mitsamt der Statue der Artemis entfliehen könnten.

„Ich werde dem König der Taurer sagen, dass ein Muttermörder wie du nicht einfach geopfert werden darf“, erklärte Iphigenie. „Ein solches Opfer muss erst im Meere gereinigt werden, und das Götterbild auch. Ich selbst werde das Standbild der Artemis zum Meer bringen und ihr werdet mich begleiten.“

So gelang den Geschwistern und Pylades die Flucht. Athene half ihnen. Sie beschwichtigte den König der Taurer und riet ihm, er solle Iphigenie nach dem Willen der Götter ziehen lassen, und der König gehorchte.

Sie brachten die Statue der Artemis nach Athen, wo Iphigenie auf ihren eigenen Wunsch weiter ihre Priesterin blieb. Pylades heiratete Elektra.

Orestes aber wurde König von Mykene und regierte lange und weise bis in ein hohes Alter.

Die Abenteuer des Odysseus

Nach Homers Odyssee

Penelope und die Freier

Während Odysseus in Troja kämpfte und auf der Heimfahrt jahrelang umherirrte, wartete seine Frau Penelope zu Hause auf ihren Mann. Jahr um Jahr wartete sie. Schon seit langem glaubte kaum einer in Ithaka, Odysseus würde jemals zurückkommen. Penelope galt als reiche Witwe eines Fürsten, und sie war immer noch sehr schön und liebenswert. Deshalb kamen Scharen von Freiern aus allen Teilen Ithakas und von den benachbarten Inseln, Söhne aus den besten Familien. Sie brachten kostbare Geschenke für Penelope, schmeichelten ihr und blieben im Palast des Odysseus. Dort feierten sie ein Festmahl nach dem anderen, schlachteten sein Vieh, tranken seinen Wein und befahlen seinen Dienern und Mägden. Und sie wollten erst dann wieder gehen, wenn Penelope einen von ihnen zum Gemahl gewählt hätte.

Längst war Troja gefallen. Viele Fürsten Griechenlands waren schon vor Jahren mit ihrem Gefolge heimgekehrt. Doch viele Männer waren aus dem Trojanischen Krieg nicht wiedergekommen. Mancher, der den Krieg überlebt hatte, war auf der Heimfahrt gekentert oder von Seeräubern überfallen worden, andere hatten in der Fremde eine neue Heimat gefunden und eine neue Familie gegründet. Penelope aber wartete immer noch auf Odysseus.

Damals, vor fast zwanzig Jahren, als die Boten von Agamemnon und Menelaos auf den griechischen Fürstenhöfen für den Feldzug gegen Troja geworben hatten, hatte der junge Odysseus versucht, durch eine List dem Krieg zu entkommen. Als die Kriegswerber kamen, hatte er sich wahnsinnig gestellt und einen Esel und einen Ochsen zusammen vor den Pflug gespannt und Salz gesät. Doch der Held Palamedes durchschaute diese List und legte heimlich den damals neugeborenen Sohn des Odysseus vor den Pflug in die Ackerfurche. Odysseus bemerkte das und hob vorsichtig den Pflug über das Kind, ohne es zu verletzen. Damit verriet er, dass er keineswegs verrückt war, und er musste nun doch mit nach Troja. Denn die griechischen Fürsten schätzten Odysseus wegen seiner Klugheit und List und wollten nicht ohne ihn nach Troja ziehen. Seither hatte man nichts mehr von Odysseus gehört.

Penelope gebrauchte ebenfalls eine List, mit der sie die Freier hinhielt und auch das drängende Volk von Ithaka, das endlich wieder einen König und geordnete Verhältnisse wollte.

„Sobald dieser Teppich, an dem ich webe, fertig ist, werde ich mir einen Gemahl unter euch auswählen", erklärte sie. Tagsüber saß sie viele Stunden lang am Webstuhl, wie die Frauen das damals taten, nachts aber trennte sie heimlich das Gewebte wieder auf.

Odysseus' Sohn Telemachos war ein junger Mann geworden, er blieb den wüsten Festgelagen der Freier seiner Mutter fern, wagte es aber nicht, gegen sie aufzutreten.

Eines Tages durchschauten die Freier Penelopes List und wollten eine Entscheidung erzwingen.

Polyphem, der einäugige Riese

Odysseus segelte viele Jahre lang über die Meere. Einmal kam er zu der Insel der Kyklopen. Diese Kyklopen waren starke und grausame Riesen, die mitten auf der Stirn ein einziges, riesiges Auge hatten.

Odysseus und seine Gefährten brauchten dringend Wasser und Lebensmittel. Sie näherten sich der Insel von der unbewohnten Seite her und ankerten in einer kleinen Bucht, die von steilen, waldigen Felshängen umgeben war. Hier wimmelte es von wilden Ziegen und Schafen. Die Männer schossen einige Ziegen, um ihre Vorräte aufzubessern. Doch plötzlich wurde Odysseus von Abenteuerlust gepackt.

„Lasst uns die Insel erforschen", schlug er vor. „Vielleicht finden wir hier verborgene Schätze!"

Einer der Gefährten wandte ein: „Wie leicht könnten wir einem gefährlichen Ungeheuer begegnen! Füllen wir doch unsere Wasserschläuche und verlassen wir diese Insel so schnell wie möglich!"

Odysseus aber befahl zwölf Männern, mit ihm zu kommen und auch zwei Schläuche mit Wein mitzunehmen.

„Falls wir einem Ungeheuer begegnen, werden wir es betrunken machen", erklärte er. Dann durchstreiften sie die Insel.

Sie begegneten keinem Ungeheuer, doch sie kamen zu einer Höhle, die von Menschen bewohnt schien oder vielmehr von Riesen. Denn nahe dem Höhleneingang lagen Stapel von Käselaiben, größer als Wagenräder.

„Hier muss ein Riese wohnen", rief einer der Männer. „Nehmen wir doch einige Käseräder und verschwinden wir!"

Odysseus aber wollte, in der Höhle versteckt, auf deren Bewohner warten und die Männer mussten ihm gehorchen.

Erst am Abend kam der Bewohner der Höhle zurück. Es war ein Kyklop. Er trieb eine Herde Schafe in die Höhle, dann schob er einen riesigen Felsblock vor den Eingang. Mit einem Schlag wurde es dunkel, nur durch einige Spalten sickerte ein wenig Licht. In diesem Dämmerlicht fachte der Kyklop ein Feuer an und molk die Schafe. Plötzlich merkte er, dass Fremde in der Höhle sein mussten, und rief mit wilder, lauter Stimme:

„Wer ist da? Kommt sofort hervor!"

Die Männer warfen sich dem Kyklopen zu Füßen und baten um Gastfreundschaft, im Namen des Zeus, der die Schutzflehenden beschützt.

Der Riese aber lachte nur böse.

„Glaubt ihr wirklich, Polyphem kümmert sich um Zeus? Oder um Gesetze der Menschen?", sagte er höhnisch, packte zwei der Männer am Genick, erschlug sie mit bloßer Hand und fraß sie auf. Odysseus wollte sich mit seinem Schwert auf den Riesen stürzen, aber dann dachte er: „Selbst wenn es uns mit vereinten Kräften gelänge, den Riesen zu töten, wären wir für immer in der Höhle eingesperrt. Niemals könnten wir den riesigen Felsblock wegwälzen." So verbrachten Odysseus und seine Gefährten eine bange Nacht in der Höhle.

Am Morgen fraß Polyphem zum Frühstück wieder zwei Gefährten, dann trieb er die Herde hinaus – und wälzte den Stein wieder vor den Höhleneingang!

Verzweifelt überlegten Odysseus und seine Freunde, wie sie sich retten könnten. Endlich fanden sie einen Ausweg.

Am Abend, nachdem Polyphem seine Käserei getan hatte, fraß er wieder zwei Männer. Da trat Odysseus zu dem Kyklopen und bot ihm von ihrem Wein an. Polyphem trank. Der Wein schmeckte ihm vorzüglich, er wurde etwas freundlicher und fragte Odysseus nach seinem Namen.

„Ich heiße Niemand", erklärte Odysseus mit ernster Miene.

Sein Plan gelang. Polyphem trank so viel Wein, dass er umkippte und laut zu schnarchen begann. Nun stießen die Männer ihm den Spieß, den sie in der Höhle gefunden hatten, ins Auge.

Mit einem fürchterlichen Schrei erwachte der Riese, sprang auf und versuchte, die Männer zu fangen, aber er war blind geworden und griff ins Leere. Da rief er laut seine Brüder, die anderen Kyklopen der Insel, zu Hilfe. Diese eilen herbei.

„Warum schreist du so grässlich?", riefen sie durch den verschlossenen Eingang herein.

„Niemand will mich umbringen!", brüllte Polyphem, „Niemand hat mir mein Auge ausgestochen!"

Daraufhin gingen die anderen Riesen kopfschüttelnd wieder weg. Polyphem jammerte noch eine Weile, dann schlief er erschöpft ein.

Als der Morgen graute, erwachten die Schafe und strebten aus der Höhle. Der Riese erhob sich, wälzte den Felsblock vom Höhleneingang weg und stellte sich am Eingang auf, um die Gefangenen abzupassen. Aber Odysseus und seine Freunde waren schlau: Sie banden sich unten an den Bauch der kräftigsten Schafe fest. Odysseus hing am Bauch des stärksten Widders. Polyphem tastete jedem Tier, das aus der Höhle trottete, den Rücken ab. Als sein Widder an die Reihe kam, pochte Odysseus das Herz so stark, dass er meinte, der Riese müsste es klopfen hören. Doch Polyphem entdeckte die Männer nicht. Sie gelangten sicher aus der Höhle ins Freie und eilten zu den Schiffen.

Bald merkte der Riese, dass seine Gefangenen geflohen waren. Er taumelte zum Strand hinunter, doch er konnte die Flüchtigen nicht mehr erwischen.

„He, Polyphem, du Dummkopf!“, schrie Odysseus von seinem sicheren Schiff aus. „Willst du wissen, wer ich wirklich bin? Ich bin Odysseus, der Sohn des Laertes!“

Polyphem warf einige Felsbrocken in die Richtung, aus der die Stimme kam, doch die Männer waren schon außer Reichweite gerudert.

Polyphem aber rief ins Meer hinaus nach seinem Vater: „Vater Poseidon, räche du meine Schmerzen und meine Schmach an Odysseus! Verwehre ihm die Heimkehr!“

Poseidon erfüllte die Bitten seines Sohnes und schickte immer wieder wilde Stürme und tosende Wogen, um Odysseus an der Heimkehr zu hindern.

Ein Schlauch voller Winde

In weiterer Fahrt kamen die Helden zu der schwimmenden Insel des Äolos. Dieser war Herr über die Winde, die er in großen Schläuchen verwahrte. Einen Monat lang genossen die Seefahrer die Gastfreundschaft des freundlichen Äolos, und zum Abschied schenkte er Odysseus einen Schlauch voller Winde, aus denen Odysseus einen sanften Westwind für die Heimfahrt auswählte.

Schon sahen sie die Wachfeuer der Insel Ithaka. Nun, da endlich alle Gefahr vorbei schien, schlief Odysseus ein. Doch seine Gefährten sprachen untereinander:

„Was mag Odysseus in diesem Schlauch verborgen haben? Goldschätze vielleicht, die er mit uns nicht teilen will?"

Neugierig öffneten sie den Schlauch – und da geschah es: Alle Winde strömten gleichzeitig heraus, sie schwollen zu mächtigen Stürmen an, tobten durcheinander und rissen die Schiffe wieder ins offene Meer hinaus, immer weiter vom heimatlichen Ufer fort.

Im Hafen der Menschenfresser

Tagelang trieben die Schiffe in den Wogen, endlich beruhigten sich die Winde und vor den Seefahrern tauchte eine Insel auf. Ein kleiner Hafen und die Häuser einer Stadt lagen vor ihnen.

„Zieht die weiße Fahne auf und rudert in den Hafen", befahl Odysseus. „Wir brauchen Wasser! Und wir wollen auch fragen, wo wir uns befinden."

Doch in dieser Stadt lebten die Lästygonen, menschenfressende Riesen. Diese warteten nicht ab, was die Fremdlinge wollten, sondern warfen von der Hafenmauer aus große Steinbrocken auf die kleine Flotte der Verirrten. Die Schiffe zersplitterten und sanken.

Immer mehr Steine warfen die Riesen auf die Schiffbrüchigen, auf Menschen, die sich verzweifelt an geborstenen Balken festklammerten und für die das nahe Ufer keine Rettung bedeutete. Nur das Schiff des Odysseus, das als letztes in den Hafen einfuhr, blieb heil.

Er und seine Männer fischten im Steinehagel ihre Gefährten aus dem Wasser, so viele sie konnten, dann flüchteten sie mit ihrem letzten Schiff auf das offene Meer hinaus.

Die Insel der Zauberin Kirke

Bald tauchte wieder eine Insel auf. Erschöpft und halb verdurstet gingen Odysseus und seine Männer in einer kleinen Bucht vor Anker. Nichts deutete hier auf menschliche Behausungen hin.

„Den Göttern sei Dank!", sagte Odysseus. Sie fanden nahe dem Ufer eine Quelle, sammelten Muscheln und Schildkröteneier, auch saftige Früchte fanden sie, dann kehrten sie eilig an Bord zurück.

Am dritten Tag unternahm Odysseus einen Rundgang auf der Insel. Er erspähte aufsteigenden Rauch und wollte Näheres herausfinden. Seine Gefährten versuchten, ihn davon abzuhalten, Odysseus aber teilte seine klein gewordene Schar in zwei Gruppen und sie losten, welche von ihnen auf Erkundung gehen sollte. Das Los traf Eurylochos, den Anführer der zweiten Schar.

Bald darauf kamen Eurylochos und seine Männer zu einem wunderschönen Palast. Plötzlich stand die Zauberin Kirke vor ihnen und lud die Männer freundlich in ihren Palast ein. Alle folgten ihrer Einladung, nur Eurylochos blieb misstrauisch zurück und verbarg sich in einem Gebüsch. Von seinem Versteck aus sah er, wie seine Gefährten an großen Tischen von Kirke selbst bewirtet

wurden. Sie brachte ihnen Käse, Brot und dickflüssigen, honigfarbenen Wein.

Kaum aber hatten die Männer von dem Wein getrunken, verwandelten sie sich in borstige, grunzende Schweine. Kirke lachte laut. Sie trieb die Schweine in einen Stall und schob einen Riegel vor. Eurylochos aber eilte zu Odysseus und berichtete, was geschehen war.

„Schnell, führe mich zu dem Palast", rief Odysseus. „Wir müssen den Unglücklichen helfen!"

„Niemals!", erwiderte Eurylochos. „Willst du auch verzaubert werden?"

„Nein", entgegnete Odysseus. „Ich werde sie alle erlösen." Und er ging alleine.

Unterwegs begegnete ihm Hermes, der Götterbote. Dieser pflückte ein Zauberkraut mit kleinen, sternförmigen weißen Blüten, das er Moly nannte, und reichte es dem Odysseus.

„Gib das in den Wein, den dir die Zauberin Kirke zum Trunk anbieten wird", sagte er, „dann kann dir ihr Zauber nichts anhaben."

Odysseus dankte dem Götterboten und eilte zum Palast der Kirke. Freundlich kam sie ihm entgegen und schenkte ihm einen Becher Wein ein. „Trink!"

Er aber steckte heimlich das Zauberkraut Moly hinein, dann erst trank er.

Kirke beobachtete ihn aufmerksam. Doch als Odysseus seine menschliche Gestalt behielt, fragte sie:

„Wer bist du, Fremdling, dass dir mein Zaubertrank nichts anhaben kann?"

„Ich bin Odysseus", antwortete dieser, riss sein Schwert hervor und stürzte sich auf die Zauberin. Kirke warf sich zu seinen Füßen nieder.

„Du bist Odysseus!", rief sie. „Ich wusste, dass du eines Tages zu mir kommen würdest! Lass uns Freunde werden!"

„Schwöre, dass du mir kein Leid antun wirst", entgegnete Odysseus. „Und verwandle sofort meine Gefährten in Menschen zurück!"

Kirke schwor einen heiligen Eid, dann trieb sie die Schweine in den Saal, bestrich sie mit einer Salbe, und schon waren alle wieder in Männer zurückverwandelt. Nun blieben Odysseus und alle seine Gefährten als Gäste im Palast der Kirke.

Wochen und Monate vergingen, ein ganzes Jahr. Die Freunde mahnten Odysseus zur Heimkehr, doch es fiel ihm schwer, Kirke zu verlassen. Auch Kirke ließ Odysseus ungern ziehen und weinte beim Abschied.

Odysseus verliert alle seine Gefährten

Kirke hatte Odysseus vor der Insel des Sonnengottes gewarnt. Doch nach wochenlanger Fahrt mussten sie landen, um Trinkwasser zu fassen.

Alles wäre vielleicht gut gegangen, hätten die Männer nicht einige heilige Rinder des Sonnengottes geschlachtet, obwohl Odysseus ihnen das strengstens verboten hatte. Zur Strafe für diesen Frevel gerieten die Seefahrer bei der Weiterfahrt in einen schrecklichen Sturm, das Schiff kenterte und alle Gefährten ertranken. Odysseus allein konnte sich retten.

An den Mastbaum geklammert, trieb er tagelang auf dem Meer

bis zu der Insel der Nymphe Kalypso, die den Schiffbrüchigen rettete.

Sieben Jahre blieb Odysseus bei der schönen, liebreizenden Kalypso.

Dann aber kam Hermes auf die Insel und befahl der Kalypso, Odysseus freizugeben. Traurig gehorchte die Nymphe, sie half Odysseus sogar, ein Floß zu bauen, denn auf der Insel gab es keine Schiffe. Er bekam von ihr, was er für ein seetüchtiges Floß brauchte, Takelwerk, Segel und Maste, dazu noch reichlich Vorräte und Geschenke.

Nausikaa

Siebzehn Tage steuerte Odysseus das Floß durch die Wogen, dann schickte Poseidon einen Sturm. Das Fahrzeug kenterte und Odysseus wurde in das tosende Wasser geschleudert. Hilflos trieb er zwei Tage lang im Meer, dann warfen die Wellen ihn an einen steinigen Strand, wo er zwischen Felsen und Gestrüpp bewusstlos liegen blieb.

An diesem Tag kam die Königstochter Nausikaa mit ihren Mägden an den Strand, um Wäsche zu waschen. Während die Wäschestücke auf den heißen Ufersteinen trockneten, badeten die Mädchen, sie aßen und tranken und vertrieben sich die Zeit mit fröhlichem Ballspiel.

Einmal flog der Ball in das Gebüsch, in dem Odysseus schlief, und traf ihn am Arm. Mit einem Schrei fuhr Odysseus hoch und taumelte verschlafen, mit struppigem Bart und zerrauften Haaren, schmutzig und blutverschmiert aus dem Gebüsch. Kreischend flüchteten die Mädchen – alle, außer Nausikaa.

Ruhig blieb sie stehen und sah den Fremdling freundlich entgegen. Odysseus fiel vor ihr auf die Knie und bat um Wasser und um etwas zu essen. Nausikaa reichte ihm einen Becher Wasser, sie brachte ihm Speisen und einen Mantel und fragte ihn teilnahmsvoll nach seinem Schicksal. Odysseus berichtete kurz von dem geborstenen Floß und fragte dann:

„Sag mir, wie du heißt und in welchem Lande ich bin?“

„Du bist im Lande der Phäaken“, antwortete Nausikaa. „Ich bin Nausikaa, die Tochter des Königs. Doch nun komm mit mir zu meinen Eltern! Wir Phäaken sind ein gastfreundliches Volk, das keinem Fremden die Hilfe verwehrt.“

Im Königspalast warf Odysseus sich der Königin schutzflehend zu Füßen.

„Erhebe dich, Fremdling“, sprach die Königin gnädig. Da stand er auf und setzte sich bescheiden neben dem Herd nieder.

„Komm nur her“, sagte der König. „Es ziemt sich nicht, dass ein Fremdling in der Asche sitzt! Du sollst auf einem weichen Sessel ausruhen und als willkommener Gast Speise und Trank genießen! Zuerst nimm ein Bad und dann speise mit uns. Und wenn du es wünschst, wird dich morgen eines unserer schnellen Schiffe nach Hause bringen.“

„Mit Freuden nehme ich dieses Angebot an“, antwortete Odysseus dankbar.

„Dann sage uns also, wer du bist und wo deine Heimat liegt“, sagte der König.

„Ich bin“, antwortete der Gefragte, „Odysseus von Ithaka, der Sohn des Laertes. Seit zehn Jahren bin ich auf der Heimfahrt von Troja.“

Beim Gastmahl erzählte er dann, was ihm alles in den langen Jahren widerfahren war. Er erzählte die ganze Nacht, bis zum Morgengrauen.

Am nächsten Morgen verabschiedete sich Odysseus von den freundlichen Phäaken, die ihm noch zahlreiche kostbare Gastgeschenke mitgaben. Auf der Heimfahrt schlief er ein.

Die Heimkehr des Odysseus

Als Odysseus erwachte, lag er in einer friedlichen Grotte in Ithaka, abseits der Stadt, und all die Geschenke der Phäaken lagen neben ihm aufgestapelt. Die Bootsleute der Phäaken waren heimgekehrt.

Plötzlich stand Pallas Athene vor ihm. Sie warnte ihn vor den Freiern der Penelope, die in seinem Palast sein Hab und Gut verprassten.

„Sie werden dich töten, wenn du plötzlich vor ihnen stehst", sagte sie. „Verkleide dich deshalb als Bettler und erkunde zuerst unerkannt die Lage."

Mit diesen Worten reichte sie Odysseus ein zerschlissenes Bettlergewand. Odysseus legte es an, rieb sich das Gesicht mit Straßenstaub ein und machte sich auf den Weg in die Stadt.

Der erste Mensch auf Ithaka, der Odysseus begegnete, war der Sauhirt Eumaios. Dieser nahm den fremden Bettler freundlich auf. Er schlachtete sogar ein Schwein für seinen Gast, gab ihm die besten Stücke und bot ihm für die Nacht sein eigenes Lager, ein zottiges Ziegenfell, an. Odysseus fragte den Hirten nach seinem Herrn, dem Fürsten Odysseus.

„Mein guter Herr weilt nicht mehr unter den Lebenden", erklärte Eumaios ehrlich betrübt. Dann erzählte er seinem Gast ausführlich von dem ruchlosen Treiben der Freier und wie sehr er sich um den jungen Telemachos sorgte.

„Er besucht mich oft", sagte der Schweinehirt. „Er wird auch heute zu mir kommen."

Odysseus klopfte das Herz bei dem Gedanken, dass er seinen Sohn so bald sehen würde. Und wirklich, wenig später kam Telemachos zu dem Sauhirten. Auch er war sehr freundlich zu dem unbekannten Bettler.

„Sieh mich an, mein Sohn", sagte der Bettler. „Ich bin dein Vater Odysseus!" Einen Augenblick lang schaute Telemachos ihn voll Erstaunen an, dann fielen Vater und Sohn einander in die Arme.

Gemeinsam gingen sie nun in die Stadt. Dort setzte sich Odysseus, wie es einem Bettler geziemt, auf die Türschwelle zu dem Saal, in dem die Freier schmausten. Nach einer Weile ging er im Saal von Tisch zu Tisch und sammelte in einem Napf Almosen ein. Manche der Freier gaben ihm Brot und Fleischbrocken in den Napf, andere verhöhnten den alten Mann. Antinoos, der boshafte Anführer der Freier, warf Odysseus sogar seinen Fußschemel an den Kopf, worauf der verkleidete Bettler vor Schmerz übertrieben laut aufschrie.

Da ergriff der junge Telemachos das Wort und herrschte Antinoos an: „Lass den alten Mann in Ruhe! Er hat mehr Recht, hier zu betteln, mehr als du das Recht hast, meines Vaters Gut zu verzehren!"

„Hört, hört, Telemach wird energisch", spottete Antinoos, doch er konnte sein Erstaunen über diese scharfen Worte kaum verbergen.

Nun kam die Fürstin Penelope, sie kündigte einen Wettkampf für die Freier an. Derjenige, dem es gelang, den Bogen des Odysseus zu spannen und einen Pfeil durch zwölf hintereinander stehende Streitäxte zu schießen, erklärte sie, den würde sie zum Gemahl nehmen. Die Freier stimmten jubelnd zu. Penelope aber zog sich wieder in ihre Gemächer zurück.

Man schlug die Stiele aus zwölf Äxten und steckte die Schneiden in einen langen Tisch, sodass die Öffnungen, in denen sonst die Stiele waren, in einer Reihe hintereinander lagen. Dann trat einer nach dem anderen zum Wettkampf vor, aber keinem von ihnen gelang es, den starken Bogen des Odysseus auch nur zu spannen.

„Lasst es auch mich versuchen“, erklang vom Ende des Saales her die Stimme des Bettlers.

„Gebt dem Alten den Bogen!“, rief Antinoos, „damit wir etwas zu lachen haben.“

Odysseus nahm seinen Bogen in die Hand, spannte ihn mühelos und schoss den Pfeil sicher durch alle zwölf Axtblätter hindurch. Dann streifte er den zerrissenen Mantel ab und gab sich zu erkennen.

Aber ehe sich die Freier von ihrem Erstaunen und Schrecken erholt hatten, schoss Odysseus einen zweiten Pfeil ab und Antinoos brach tödlich getroffen zusammen. Alle Freier rannten nun durcheinander, sie schrien und flehten und jammerten, manche wollten sich mit kostbaren Geschenken freikaufen, andere versuchten sich zu wehren, aber sie hatten keine Waffen bei sich.

Odysseus kannte keine Gnade. Gemeinsam mit seinem Sohn, dem Sauhirten Eumaios und einem weiteren treuen Hirten tötete er alle Freier.

Dann eilte er endlich zu Penelope. Doch diese war in all den Jahren misstrauisch geworden. Zu sehr hatte Odysseus sich verändert, zu viele Fremde hatten sich als der heimgekehrte König von Ithaka ausgegeben. Penelope wollte ihn auf die Probe stellen und sagte:

„Sei willkommen. Nimm ein Bad und ruh dich aus, morgen werden wir weiterreden. Ich werde dir, damit du gut schlafen kannst, mein eigenes Bett überlassen. Meine treuen Diener werden es für dich aus meinem Schlafgemach hinaustragen."

Odysseus erkannte wohl, dass Penelope ihn prüfen wollte.

„Das ist nicht möglich", antwortete er. „Das königliche Bett kann nicht von der Stelle bewegt werden. Als wir diesen Palast bauten, stand an der Stelle, an der jetzt unser Schlafgemach ist, ein riesiger, uralter Olivenbaum. Wir haben unser Ehebett direkt aus seinem Stamm herausgeschlagen. Unverrückbar wurzelt es fest in der Erde!"

Nun war Penelope sicher, ihren Gemahl vor sich zu haben. „Vergib meinen Argwohn", bat sie ihn. „Du hast dich sehr verändert in all den Jahren."

„Ich habe viel erlebt", antwortete Odysseus. „Und nun bin ich für immer heimgekehrt!"

Odysseus und Penelope sanken einander in die Arme, und von nun an lebten sie glücklich und vereint bis an ihr Ende.

Athene und Zeus aber sorgten dafür, dass die Familien der getöteten Freier sich mit Odysseus versöhnten und von nun an in Ithaka Friede herrschte.

Ein Traum vom Frieden

Lysistrata

Nach einer Komödie des Dichters Aristophanes

Lysistrata eilte durch die Straßen von Athen. Sie ging über den Markt und kaufte Brot, Zwiebeln und Obst. Das tat sie nicht, weil sie diese Einkäufe brauchte, sondern um einen Grund zu haben, aus dem Haus zu gehen. Denn damals war es in Athen Frauen höheren Standes nicht erlaubt, das Haus zu verlassen. Aber jetzt, in Kriegszeiten, wurden diese Gebote nicht so streng eingehalten.

Mit Herzklopfen ging Lysistrata in Richtung der Athener Burg. Heute sollte die große Versammlung von Frauen aus ganz Griechenland stattfinden. Lysistrata hatte schon vor Wochen Boten ausgesandt, die Frauen aus allen Städten für den heutigen Tag zusammenriefen. Heute wollte Lysistrata mit ihnen allen beraten, wie dieser entsetzliche Krieg zwischen Athen und Sparta, der schon so lange dauerte, beendet werden konnte. Aber was war, wenn keine der Frauen zu dieser Versammlung kam?

Als Lysistrata die Burg erreicht hatte, blickte sie sich um. Ein einziger Wächter lehnte am Burgtor. Sie huschte an ihm vorüber zu dem nahen Tempel, wo die Frauen sich treffen sollten. Niemand war da.

„Es ist ja noch früh", dachte sie. „Zu früh."

Aber würden die Frauen kommen? Hatten sie den Mut dazu? Und wollten sie das überhaupt? Es gab immer noch Mütter, die ihren in den Krieg ziehenden Söhnen zum Abschied sagten: „Komm *mit* deinem Schild zurück oder tot *auf* deinem Schild!"

Ungeduldig wartete Lysistrata. Endlich erschien ihre Nachbarin, die getreue Kleonike. Auch Myrrhine von Myrrhinus kam und dann erschien Lampido von Sparta. Bald kamen noch andere, es wurden immer mehr und schließlich waren es viele.

Lysistrata atmete auf und begann zu reden, über die Schrecken des Krieges zwischen Athen und Sparta sprach sie, und dass man ihn beenden musste.

„Krieg muss sein", sagte daraufhin Lampido von Sparta. „Es geht um unser Vaterland. Gewiss ist der Krieg etwas Schreckliches, aber –"

„Er frisst unsere Kinder", antwortete Lysistrata. „Gibt es in allen unseren Vaterländern noch nicht genug Frauen, Mütter, Töchter, Schwestern und Bräute, die die gefallenen Männer beweinen? Der Krieg muss abgeschafft werden!"

„Und wie stellst du dir das vor?", fragte eine der Frauen.

„Ganz einfach", antwortete Lysistrata. „Wir werden unseren Männern so lange nicht mehr erlauben, uns zu umarmen, bis sie uns geschworen haben, nie wieder in einen Krieg zu ziehen."

„Das geht nicht!", erklärte Myrrhine. „Wenn mein Mann aus dem Krieg heimkommt, erschöpft und vielleicht sogar verletzt, hab ich doch Mitleid mit ihm und will ihn trösten!"

„Dann wird er dich umarmen und ihr werdet glücklich sein, und bei der nächsten Gelegenheit zieht er dann in den nächsten Krieg und lässt sich totschlagen", antwortete Lysistrata.

Auch andere der Frauen sprachen sich für oder gegen Lysistratas Vorschlag aus. Schließlich konnte sie doch alle, auch Lampido von Sparta, für ihren Plan gewinnen.

„Nun lasst uns schwören", sagte Lysistrata, „dass wir Frauen

zusammenhalten und dass wir auch wirklich tun, was wir heute beschlossen haben. Aber nicht auf das Schwert wollen wir schwören, wie die Männer es tun, sondern auf das Brot!“ Sie holte aus ihrem Einkaufskorb den Brotfladen hervor und hob ihn hoch.

Nach diesem Schwur der Frauen aus ganz Griechenland beeilten sich alle, wieder in ihre Heimat zurückzukehren. Die Frauen von Athen aber beschlossen, sogleich die Athener Burg zu besetzen und nichts von den Waffen und Goldschätzen, die dort lagerten, herauszugeben, wenn die kämpfenden Männer Nachschub brauchten.

Daraufhin versammelten sich die alten Männer, die nicht in den Krieg gezogen waren, um die Burg zu stürmen, und schleppten brennende Scheiter den Burgberg hinauf. Auch ein Ratsherr und zwei Wächter kamen gerannt und wollten das Burgtor mit einer Brechstange aufbrechen.

„Lasst das!“, rief Lysistrata ihnen zu. „Wir müssen miteinander reden! Dazu brauchen wir keine Brechstange!“

„Schweig, Frau!“, rief einer der Angreifer. „Der Krieg ist Sache der Männer! Schweig und kümmere dich ums Haus und die Dinge, die Frauen angehen!“

„Wir werden nicht mehr schweigen“, antwortete Lysistrata. „Krieg und Frieden gehen auch uns Frauen an. Nehmt euch ein Beispiel an uns! Wenn wir Wolle spinnen und die Fäden sich dabei verwirren – was tun wir dann? Wir reißen nicht in wilder Wut daran herum, nein, geduldig und sorgsam entwirren wir, was sich verknotet hat. So müsst auch ihr, bei dem, wofür ihr zuständig seid, Besonnenheit beweisen und Gespräche miteinander führen, anstatt einander den Kopf einzuschlagen! Sonst werden wir Frauen Wege finden, euch dazu zu zwingen!“

Lysistratas Plan gelang. Überall in Griechenland verweigerten die Frauen ihren Männern auch den kleinsten Beweis ihrer Liebe und redeten kein freundliches Wort mehr mit ihnen.

Die Männer hielten das nicht aus. Dann kam ein Herold aus Sparta, um den Athenern Frieden anzubieten. Die Athener und Spartaner schlossen Frieden und feierten gemeinsam ein großes Friedensfest.

Mit einen Friedensfest endet diese Komödie des Aristophanes, die zur Zeit des Peloponnesischen Krieges während der schlimmsten Kriegsnöte geschrieben und in Athen aufgeführt wurde. Aristophanes hat der Athenerin Lysistrata die Worte in den Mund gelegt, dass Frieden machbar ist, und dieser Traum hat trotz der vielen Kriege, die seither geführt wurden, bis heute überlebt.

Kleine Götterkunde

Wenn wir an die griechischen Götter denken – was fällt uns da ein? Pallas Athene vielleicht, die Göttin der Weisheit, die vor dem Wiener Parlament steht, Göttervater Zeus, der Chef, der aus den Wolken Blitze schleudert und Donner grollen lässt, und seine Ehefrau Hera oder der Laute spielende Lichtgott Apollo mit seiner Zwillingsschwester Artemis, der Göttin der Jagd, … und die ganze Götterfamilie, die auf dem Götterberg Olymp wohnte.

Doch die Welt der griechischen Götter war viel bunter und viel komplizierter. Erst der griechische Dichter Homer setzte ungefähr 700 Jahre vor Christus in seinen Dichtungen die griechische Götterfamilie so fest, wie wir sie heute kennen.

Alte und neue Götter oder: Wie die Welt anfing

Am Anfang war die Erdmutter Gaia, sie hat den Himmel und die ganze Welt alleine geschaffen. Später nahm Gaia ihren Sohn Uranos, den Himmel, zum Gemahl und die beiden wurden die Eltern zahlreicher Kinder: Gigantische Riesen und seltsame Ungeheuer waren darunter, aber auch die Titanen. Zwei dieser Titanen waren Chronos und Rhea, diese beiden wurden die Eltern des Zeus und der Hera und anderer Götter.

Zeus wurde später zum obersten Gott der griechischen Welt. Das geschah nicht so schnell, es war ein langer Weg, den wir aus vielen alte Mythen und Sagen herauslesen können.

Denn als die Vorfahren der Griechen vor ungefähr dreieinhalbtausend Jahren nach Griechenland kamen, brachten sie ihre Götter und Göttinnen mit; einer von ihnen war ein stürmischer junger Wind- und Wettergott namens Zeus. Jene Einwanderer trafen auf Menschen, die schon lange hier lebten, an den Küsten und auf den Inseln des Mittelmeeres und an den großen Flüssen Vorderasiens. Auch diese Menschen hatten ihre Gottheiten. Die „alten" und die „neuen" Götter und Göttinnen mischten sich, verflochten sich, und allmählich wurde Zeus ihr oberster Herr und der Göttervater.

Dafür musste er zuerst die großen Muttergöttinnen des Mittelmeerraumes in seine Macht bekommen. So entstanden zum Beispiel zahlreiche Sagen, die erzählen, wie Menschen, Helden oder auch Götter einfach ohne Mutter zur Welt kamen: Pallas Athene sprang aus dem Kopf des Zeus, Dionysos wuchs bis zu seiner Geburt statt im Mutterleib im Schenkel des Zeus heran. Kadmos, der Gründer der Stadt Theben, säte Drachenzähne in die Erde, die zu Kriegern wurden. Deukalion und Pyrrha warfen nach der großen Flut Steine hinter sich, aus denen Menschen entstanden. Prometheus formte Menschen aus Lehm. In all diesen Geschichten sollte betont werden, dass eine Mutter eigentlich gar nicht so nötig war.

Die Hochzeit des Zeus und der Hera

Das Meisterstück des Zeus war seine Hochzeit mit einer mächtigen Muttergöttin der Ägäis: mit Hera.

Von der Göttin Hera gibt es auch eine Kindheitsgeschichte, und hier tritt die große Göttin als hilfloses kleines Mädchen auf. In den Dichtungen Homers ist Hera eine Tochter der Rhea und des Chronos. Also eine Enkelin der Erdmutter Gaia. Mutter Rhea wollte ihr Töchterchen Hera vor deren Vater Chronos verstecken. Chronos fraß nämlich alle seine Kinder auf, aus Angst, sie würden ihn später einmal stürzen und ermorden. Deshalb brachte Rhea das kleine Mädchen in Sicherheit zu ihren Schwestern, die im äußersten Westen der Welt, in einem paradiesisch schönen Land lebten. Diese Tanten zogen die kleine Hera liebevoll wie eine Tochter auf und lehrten sie alles über die Natur, über Meer und Himmel, und sie zeigten ihr auch, wie man Wetter macht.

Einmal, als die junge Hera aus purer Freude ein fulminantes Gewitter erzeugte, kam plötzlich ein Adler dahergeflogen. Auf seinem Rücken saß ein wunderschöner Jüngling, das war Zeus. Zeus und Hera verliebten sich auf den ersten Blick ineinander, und er fragte sie:

„Schöne Jungfrau, willst du meine Frau werden?"

Hera willigte ein. Dann setzten sich die beiden auf den Rücken des Adlers und flogen nach Griechenland, auf den Götterberg Olymp, der von nun an ihre Heimat war.

Alle Götter des Olymps halfen bei den Hochzeitsvorbereitungen. Auch solche, die dann später als Kinder von Zeus und Hera galten, aber in Sagen und Mythen ist so etwas durchaus möglich.

Iris, die Göttin des Regenbogens, brachte einen regenbogenfarbenen Schleier für die Braut. Aphrodite, die Göttin der Schönheit, schmückte Hera. Hephaistos, der Gott des Feuers, schmiedete ihr einen wunderschönen Brautschmuck aus Gold und Bronze und kostbaren Edelsteinen. Artemis brachte duftende wilde Blumen und die wetterkundigen Tanten Heras machten am Hochzeitstag das schönste Frühlingswetter.

Bei der Hochzeitsfeier spielte Apollo, der Gott des Lichtes und der Musik, auf seiner Laute; Hermes, der Götterbote, begleitete ihn auf seiner Hirtenflöte, die anmutigen drei Grazien, die neun Musen und eine Schar Baumnymphen und Meeresjungfrauen sangen und tanzten dazu. Erdmutter Gaia schenkte dem göttlichen Brautpaar einen goldenen Baum, der goldene Äpfel trug.

Zeus jedoch war kein treuer Ehemann. Immer wieder hatte er zahlreiche Liebschaften mit Göttinnen, Heldinnen und Menschenfrauen. Der Blitze schleudernde Götterfürst kam zu den Frauen in verschiedener Gestalt: Der Leda erschien er als Schwan, der Semele als goldener Regen, der Europa als Stier, zu Alkmene kam er sogar in Gestalt ihres eigenen Gemahls.

Semele wollte ihren Liebhaber in wahrer Gestalt sehen. Aber Zeus warnte sie:

„Lass ab von diesem Wunsch! Du wirst meinen wahren Anblick nicht ertragen!“ Doch sie bat so inständig, dass Zeus ihren Wunsch erfüllte und sich ihr in seiner wahren Gestalt als Gott zeigte. Semele wurde durch seinen Glanz so stark geblendet, dass sie tot umfiel. Zeus nähte ihr ungeborenes Kind in seinen Schenkel ein und trug es dort aus, bis die Zeit der Geburt herankam.

Dieses Kind war Dionysos, der Gott des Weines, des Rausches und der Fruchtbarkeit.

Hera war sehr eifersüchtig, immer wieder wurde sie wütend, dass Zeus so viele Liebesgeschichten mit anderen Frauen hatte, und mit Hass verfolgte sie die Geliebten ihres Mannes und auch deren Kinder.

Hera war eine vielseitige Göttin, manchmal auch voller Widersprüche. Sie war eine gute Göttermutter, die Beschützerin der Eheleute, aber auch die Mutter der gefürchteten Drachenschlange Hydra. Herakles, der die Menschheit von vielen Ungeheuern befreite, tötete diese Hydra, und das konnte ihm Hera nie verzeihen.

Europa

Europa war eine wunderschöne Prinzessin, die im Palast ihres Vaters, des Königs von Phönikien in Asien, glücklich und ohne Sorgen lebte. Eines Tages aber brach das Schicksal über sie herein: Göttervater Zeus entdeckte die schöne Königstochter, als sie mit ihren Gespielinnen auf einer Wiese Blumen pflückte und Kränze wand. Der verliebte Zeus verwandelte sich sogleich in einen jungen Stier und näherte sich dem Mädchen. Der Stier blickte Europa so sanft und freundlich an, dass sie wie verzaubert zu ihm hingehen musste und ihn zwischen den Hörnern streichelte. Da legte er sich zu ihren Füßen nieder und sie konnte nun nicht anders, als voll Vertrauen auf seinen Rücken zu klettern.

Der Stier erhob sich vorsichtig, trottete erst langsam ein paar Schritte über die Wiese, dann lief er immer schneller bis ans Ufer des Meeres. Und ehe die Jungfrau wusste, was ihr geschah, stürzte

er sich ins Meer und begann zu schwimmen. Er schwamm und schwamm, einen ganzen Tag und eine ganze Nacht und noch einen Tag, und entführte die schöne Königstochter aus Asien auf die Insel Kreta. Sie bekam von Zeus ein Kind. Als dieses Kind zur Welt kam, hatte der Göttervater sie schon lange verlassen. Europa war traurig und verzweifelt, sie konnte nie mehr in ihre Heimat Phönikien zurückkehren und musste ihr ganzes Leben lang auf der Insel bleiben.

Da erschien Aphrodite und tröstete sie:

„Sei nicht traurig, Europa, denn du warst die Geliebte des Zeus! Und eines Tages soll nicht nur das Stückchen Erde, auf dem du jetzt lebst, sondern der ganzer Erdteil deinen Namen tragen."

Und wirklich heißt nun der ganze Erdteil, zu dem die Insel Kreta gehört, nach der phönikischen Prinzessin.

Wie die Jahreszeiten entstanden – Demeter, Persephone und Hades

Demeter war die Göttin des Getreides und des Ackerbaus. Sie sorgte dafür, dass die Pflanzen wuchsen, blühten, reiften, abstarben, und dass aus den Samen wieder neue Pflanzen wuchsen ...

Demeter hatte von Zeus eine Tochter, die holde Persephone. Einmal pflückte Persephone auf einer Wiese Rosen, Lilien, Krokusse und andere Blumen, die zu jener Zeit alle durcheinander wuchsen, denn damals gab es noch keine Jahreszeiten. Da kam Hades, der Gott der Unterwelt, vorüber und erblickte die Blumen pflückende Persephone. Er verliebte sich so heftig in sie, dass er sogleich seinen goldenen Wagen holte und das Mädchen als seine Braut in die Unterwelt entführte.

Demeter war über den Verlust ihrer Tochter untröstlich. Sie verhüllte ihre goldenen Haare mit einem grauen Tuch und suchte Persephone überall, auf dem Land und im Meer. In ihrem Schmerz befahl sie den Getreidesaaten, nicht mehr aus der Erde zu sprießen, bis sie ihre Tochter wiederhätte. Nun brach auf der Erde eine Hungersnot aus. Die Menschen flehten zu Vater Zeus, ihnen zu helfen. Dieser befahl seinem Bruder Hades, das Mädchen sogleich herauszugeben, und Hades musste dem obersten Gott gehorchen.

Bevor er aber Persephone in seinem goldenen Wagen zurück auf die Erde brachte, gab er dem Mädchen einen Granatapfel zu essen. Denn wer von einem Granatapfel isst, den sein Liebster oder seine Liebste ihm gegeben hat, muss zu diesem geliebten Menschen zurückkehren. Und weil Persephone von dem Granatapfel gegessen hatte, musste auch sie voll Sehnsucht zu Hades in die Unterwelt zurück.

Von nun an lebte Persephone vom Frühling bis zum Herbst bei ihrer Mutter Demeter auf der Oberwelt, die dunkle Winterzeit aber verbrachte sie bei ihrem Ehemann Hades in der Unterwelt.

Seit damals steigt Persephone Jahr für Jahr im Frühling auf die Erde hinauf, und die Blumen, die in der Erde schlummern, fangen vor Freude über ihre Ankunft zu sprießen und zu blühen an. Demeter lässt das Getreide wieder wachsen und alles Leben auf der Erde beginnt neu. Im Herbst aber kehrt Persephone in die Unterwelt zurück. So ist der Kreislauf der Jahreszeiten entstanden.

Der Herr der Wogen – Poseidon

Poseidon war der Herscher des Meeres, der Stürme und der Erdbeben. Er war für die Griechen ein sehr wichtiger Gott, denn im antiken Griechenland mit seinen vielen Inseln und buchtenreichen Küsten lag fast jede Stadt am Meer oder in seiner Nähe, und die meisten Griechen waren Seefahrer und Fischer.

Poseidon wurde sehr leicht zornig. Dann wühlte er mit seinem Dreizack das Meer auf, sodass die Wellen sich hoch türmten und mit ungeheurer Gewalt gegen die felsigen Klippen brandeten. Wenn sich seine Wut gelegt hatte, legte Poseidon seinen Dreizack flach auf das Wasser, die Wellen besänftigten sich und das Meer wurde ruhig und friedlich. Dann kamen auch die Delfine wieder näher ans Ufer heran und sprangen voll Freude aus den Wellen. Damit zeigten sie den Fischern und Schiffern, dass diese wieder ungefährdet auf das Meer hinausfahren konnten.

Poseidon hatte mehrere Frauen und viele Kinder. Einige seiner Söhne und Töchter waren schreckliche Meeresungeheuer, die die Menschen oft in höchste Gefahr brachten.

Meistens beschützte Poseidon die Schiffe, er sandte ihnen günstige Winde und geleitete sie sicher in den angestrebten Hafen. Wehe aber dem, der Poseidons Zorn erregte – wie Odysseus, der Poseidons Sohn Polyphem geblendet hatte!

Als die Griechen in der Seeschlacht von Salamis gegen die zahlenmäßig weit überlegenen Perser kämpften, stand Poseidon den Griechen bei. Er türmte hohe Wellen direkt vor den behäbigen, großen Schiffen der Perser auf, sodass viele dieser Schiffe in Seenot gerieten und versanken; die schlanken, wendigen Galeeren der Athener aber beschützte er. So konnten die Griechen die Seeschlacht bei Salamis gewinnen.

Die Göttin der Liebe – Aphrodite

Bei Homer ist Aphrodite die Tochter der allerersten Frau des Zeus, der Dione. Später glaubte man es besser zu wissen und erzählte die Geschichte so: Aphrodite wurde aus dem Schaum des Ozeans geboren und von den Meereswellen auf die Insel Zypern an Land getragen.

Aphrodite hielt sich oft und gern unter Menschen auf, viel lieber als auf dem Olymp.

Eine Zeitlang lebte sie glücklich mit dem Jüngling Adonis zusammen, in den Wäldern von Zypern. Eines Tages, als Adonis im Wald jagte, griff ein wilder Eber ihn an und riss ihm mit seinen scharfen Hauern die Hüfte auf. An dieser Wunde starb der Jüngling. Aphrodite war über den Verlust ihres Geliebten untröstlich. So verzweifelt war sie, dass Zeus dem Hades befahl, Adonis jedes Jahr für sechs Monate frei zu geben.

Seit damals kam Adonis jeden Frühling auf die Insel Zypern zurück, wo Aphrodite schon sehnsüchtig auf ihn wartete. Bei seiner Ankunft schmückte die Erde sich mit Blumen und die Vögel sangen; im Herbst, wenn Adonis wieder in die Unterwelt zurückkehren musste, trauerte die Erde mit Aphrodite.

Freie Göttin der Wildnis – Artemis

Artemis war die Schutzherrin der freien Natur, der ungebändigten Wildnis und der wilden Tiere. Schon seit uralten Zeiten war sie auch Göttin der Jagd und damit auch Herrin über Leben und Tod.

In späterer Zeit wurde Artemis zu einer Tochter des Zeus und die Zwillingsschwester des Apollo. Zeus stand ihr väterlich liebevoll gegenüber. Davon erzählt eine Episode aus dem Trojanischen Krieg: Die Götter des Olymp kämpften in einer großen Schlacht gegeneinander. In dieser Schlacht wurde die Göttin Artemis von einem Pfeil verletzt – denn die griechischen Götter sind zwar unsterblich, aber nicht unverwundbar. Weinend flüchtete Artemis auf den Schoß des Vaters Zeus, und dieser streichelte und tröstete sie wie ein kleines Kind.

Besonders verehrt wurde die Göttin Artemis von den Amazonen. Diese heldenhaften, kämpferischen Frauen ritten mit Pfeil und Bogen auf wilden Pferden in den Krieg und sie duldeten keine Männer in ihrem Reich. Nur gelegentlich trafen sie mit ihnen zusammen, um Kinder zu bekommen. Die kleinen Mädchen erzogen sie dann zu Amazonen. Was mit den Knaben geschah, darüber gibt es verschiedene Überlieferungen: Sie wurden getötet, als Sklaven aufgezogen oder zu ihren Vätern geschickt. Die Göttin Artemis, die gleichfalls auf ihrem Pferd mit Pfeil und Bogen jagte, war das große Vorbild der Amazonen.

Licht und Schatten – Apollo

Apollo ist Gott des Lichtes und der Musik, aber mit seinen Pfeilen schickt er auch Krankheiten und Tod – und Heilung.

Apollo und seine Zwillingsschwester Artemis waren Kinder des Zeus und der Titanentochter Leto. Als diese ihre beiden Kinder unter dem Herzen trug, traf auch sie der Zorn der eifersüchtigen Gemahlin des Zeus. Hera rief die Schlange Typhon, einen fürchterlichen Drachen, zu sich und befahl ihr, die werdende Mutter zu verfolgen und nirgendwo ausruhen zu lassen.

Von der Drachenschlange gejagt, floh Leto von Ort zu Ort, verzweifelt suchte sie einen Platz, wo sie bleiben und ihre Kinder zur Welt bringen konnte. Doch kein Ort der Welt wagte es, die Flüchtige aufzunehmen, nirgendwo konnte sie rasten.

Damals schwamm die Insel Delos frei und unbefestigt im Meer herum, rastlos und heimatlos wie Leto. Diese Insel lud die werdende Mutter ein zu bleiben. Zur Belohnung für diese gute Tat bekam die Insel Delos von Zeus einen festen Platz im Meer. Und Leto brachte auf Delos ihre beiden Kinder in Ruhe zur Welt.

Der kleine Apollo aber war gerade vier Tage alt, da sagte er zu seiner Mutter:

„Ich werde die böse Typhon verfolgen und umbringen, weil sie dir keine Ruhe gelassen hat!“ Und er zog los und tötete die Drachenschlange.

Da die Typhon aber doch ein Kind der Mutter Erde war, musste Apollo für diesen Mord sühnen. Neun Jahre lang lebte er als einfacher Hirte in Thessalien. Zur Erinnerung daran ist Apollo auch ein Gott der Vergebung und schützt alle, die aufrichtig ihre schlimmen Taten bereuen.

Eros, der junge Liebesgott, hatte einst Streit mit Apollo. Dieser behauptete nämlich, er könne viel besser mit Pfeil und Bogen schießen als Eros. Der kleine Liebesgott war zornig, dass er von Apollo nicht ernst genommen wurde, und beschloss, sich zu rächen:

Eros schoss einen seiner Liebespfeile in das Herz des Apollo, sodass es in Liebe zu der Baumnymphe Daphne entbrannte. In Daphnes Herz aber sandte Eros einen Pfeil, der Abneigung erzeugte. So konnte die Nymphe den Gott nicht lieben, sosehr der verliebte Apollo auch um sie warb. Daphne rannte vor ihm davon, Apollo verfolgte sie quer durch das Land und holte sie auch bald ein. Als er aber die Hände nach der Nymphe ausstreckte, verwandelte Daphne sich blitzschnell in ein Lorbeerbäumchen und Apollo hatte nur duftende Zweige und Blätter in der Hand. Der Lorbeerbaum trägt heute noch den Namen der Nymphe, denn Daphne ist das griechische Wort für Lorbeer.

Der Gott des Weines und der wilden Feste – Dionysos

Dionysos war ein Sohn des Zeus und der Mondgöttin Selene. Als wildbärtiger, berauschter Mann zog er mit seinem rasenden, tanzenden Gefolge, den Mänaden, durch Griechenland und verführte die Sterblichen, mit ihm zu feiern und ihm zu huldigen. Dionysos war ein Frühlingsgott, ein Gott des Wachstums und der Fruchtbarkeit. Er schuf den Weinstock und lehrte die Menschen, wie man ihn pflanzt und pflegt und Wein aus den Trauben keltert.

Als Dionysos noch ein Knabe war, lag er eines Morgens betäubt vom Wein am Strand einer Insel. Dort fanden ihn Seeräuber, sie fesselten den Bewusstlosen und schleppten ihn auf ihr Schiff, um ihn im nächsten Hafen als Sklaven zu verkaufen. Nur ein einziger der Männer erkannte, dass der Gefangene ein Gott war und warnte die anderen, dem Knaben Böses anzutun. Die aber lachten ihn aus. Da stand das Schiff plötzlich still. Kein Wind regte sich und die Ruder gehorchten den Ruderern nicht mehr. Der schöne Götterknabe aber tänzelte – ohne seine Fesseln –, bekränzt mit frischem Weinlaub, über das Schiffsdeck, und mit einer einzigen Handbewegung verwandelte er die entsetzten Seeräuber in zappelnde Fische auf dem Trockenen. Nur den, der ihn als Gott erkannt und für ihn gesprochen hatte, ließ er am Leben.

Athene

Pallas Athene war die Göttin der Weisheit, der Künste und Wissenschaften. Ihre Aufgabe war aber auch strategische Kriegsführung und der mit List und geistigen Waffen geführte Kampf, im Gegensatz zu dem Kriegsgott Ares, der für die wilde Kriegswut zuständig war.

Athene war eigentlich eine Tochter des Zeus mit der Metis, der ehrwürdigen Göttin der Klugheit und Besonnenheit. Zeus aber erfuhr durch die Erdmutter Gaia, Metis würde ihm einst einen Sohn gebären, der ihn, Zeus, stürzen werde. Deshalb verschluckte Zeus die schwangere Metis. Bald darauf begann sein Kopf zu schmerzen und aus seiner Stirn sprang das ungeborene Kind der Metis, und dieses Kind war Pallas Athene. Daher hieß es, Athene hätte keine Mutter gehabt. Erwachsen, in voller Rüstung, sprang Athene aus dem Kopf des Zeus, in der rechten Hand hielt sie einen Speer, in der linken einen Schild. Die Göttin landete vor Zeus auf dem Boden, nahm ihren Helm ab und legte die Waffen ihrem Vater vor die Füße.

„Wenn ich die Waffen doch niemals gebrauchen müsste!“, sagte sie, doch war sie oft in Kämpfe verwickelt.

Pallas Athene erfand auch viele Dinge, die das Leben der Menschen erfreulicher und einfacher gestalteten. Sie gilt zum Beispiel als Erfinderin der Zahlen, der Trompete, des Pfluges und der häuslichen Künste wie Weben, Stricken, Spinnen und Kochen. Sie brachte den Menschen die Töpferscheibe und den ersten Wagen, auch Mathematik und Astronomie und vieles andere. Sogar den Schiffbau soll sie erfunden haben.

Wanderer auf allen Wegen – Hermes

Hermes war der Bote der Götter. Mit seinen Flügelschuhen flog er windschnell in alle Winkel der Welt. Deshalb beschützte er auch die Reisenden und alle Menschen, die viel unterwegs waren. Mit seiner Flöte begleitete Hermes die Toten in die Unterwelt.

Weil er sehr gescheit und schlau war, wurde Hermes der Schutzherr von Menschen, die Klugheit, Witz, aber auch List und Berechnung für ihren Beruf brauchten: Hermes war auch Gott der Kaufleute, der Redner und der Diebe.

An Abzweigungen und Wegkreuzungen standen auf den Straßen und Wegen oft rechteckige Pfeiler mit Hermesstatuen. Auf deren Sockel waren für Reisende wichtige Hinweise und Warnungen über die Gegend eingraviert, wie wir sie heute auf Anschlagtafeln finden. Es war auch Brauch, an diesen Hermesstatuen ein wenig Wegzehrung für andere Wanderer hinzulegen.

Hermes hat auch immer gern Unfug gemacht. Voll Übermut versteckte er dem Poseidon den Dreizack, dem Ares das Schwert und dem Göttervater Zeus das Zepter. Einmal wollte er sogar die gebündelten Blitze des Zeus stibitzen, doch da schossen Flammen aus den Blitzen hervor und Hermes verbrannte sich die Finger.

Als Hermes noch ein kleiner Junge war, stahl er einmal aus Übermut die Rinder des Apollo. Er drehte den Kühen die Hufe verkehrt herum und führte sie, wobei er selbst rückwärts schritt, in ein Höhlenversteck. Jeder, der hier vorüber kam, musste glauben, dass die Spuren aus der Höhle heraus zeigten.

Auch Apollo, der auf der Suche nach seinen Rindern zu der Höhle kam, fiel auf den Trick herein und ahnte nicht, dass seine

Rinder in der Höhle waren. Er musste schließlich sein Orakel befragen, um herauszufinden, wo seine Tiere sich aufhielten.

Hermes aber eilte herbei und bat den zornigen Apollo um Verzeihung. Als Entschuldigung schenkte er ihm eine wunderbare Laute, die spielte so herrliche Musik, dass Apollo besänftigt war. Die beiden Götter schlossen Frieden, und Apollo gab Hermes als Freundschaftsgeschenk die Rinder, die dieser entführt hatte. Seither ist Hermes auch ein Gott der Herden und der Hirten.

Kleines Götterlexikon

Die Familie der zwölf Götter, die auf dem Olymp wohnten, wie Homer sie uns überliefert:

Zeus: Herr des Himmels, Vater der Götter und Göttinnen, Donner- und Blitzgott

Hera: Seine Frau, Mutter vieler Götter, Beschützerin der Ehe und der Familie

Poseidon: Beherrscher des Meeres, der Stürme und der Erdbeben, Bruder des Zeus

Demeter: Göttin des Ackerbaus, Schwester des Zeus, Mutter der Persephone

Aphrodite: Göttin der Liebe und der Schönheit, Gemahlin des Hephaistos

Apollo: Gott des Lichtes und der Musik, schickte mit seinen Pfeilen auch Krankheiten und Heilung. Sohn des Zeus, Zwillingsbruder der Artemis

Artemis: Göttin der wilden Tiere, der ungebändigten Natur und der Jagd, Tochter des Zeus

Athene: Göttin der Weisheit, der strategischen Kriegsführung, der schönen Künste und Wissenschaften, Tochter des Zeus

Hephaistos: Gott des Feuers, der Vulkane, der Schmiedekunst, Sohn der Hera

Hermes: Schutzgott der Reisenden, der Händler und Diebe und der Hirten. Götterbote. Er begleitete mit seiner Flöte die Seelen der Toten in die Unterwelt, Sohn des Zeus

Ares: Gott der gewalttätigen Kriegsführung, Sohn des Zeus und der Hera

Hestia: Göttin des nie verlöschenden Herdfeuers. Von ihr gibt es keine Mythen, aber sie war dafür im Alltag sehr wichtig, sie hatte in jedem Haus einen Altar!

Einige der vielen Götter, die nicht auf dem Olymp wohnen, aber trotzdem sehr wichtig sind:
Gaia: Erde, Urmutter, Mutter der Titanen, Giganten und vieler Ungeheuer. „Großmutter" vieler olympischer Götter
Uranos: Himmel, Sohn und Gemahl der Gaia, Vater der Titanen und vieler anderer
Hades: Gott der Unterwelt, Bruder des Zeus
Dionysos: Gott der Weinreben, des Weines und des Rausches, Sohn des Zeus
Hekate: ursprünglich mächtige Göttin über Leben und Tod, später Herrin der Zauberei, der Gespenster. Mittlerin zwischen Toten und Lebenden
Eros: Sohn der Aphrodite, ein Knabe, Gott der Liebe, der mit seinem Bogen Liebespfeile in Menschen- und auch in Götterherzen schießt.

Daneben gab es noch zahlreiche Naturgottheiten und andere. Zum Beispiel Iris, die Göttin des Regenbogens, oder Eos, die „rosenfingrige" Göttin der Morgenröte. Auch Sonne (Helios) und Mond (Semele), Nacht, Schlaf und Tod und andere waren Götter und Göttinnen, ebenso Eirene (Frieden), Nike (Sieg) und viele andere.

Die neun Musen waren Töchter des Zeus. Sieben von ihnen waren Schutzgöttinnen der Musik, der Dichtkunst, des Tanzes und des Theaters, sie hielten eine Lyra, eine Flöte oder andere Musikinstrumente in den Händen. Kleio, die Muse der Geschichtsschreibung, zeigte sich mit Schriftrolle und Griffel, und Urania, die Muse der Sternenkunde, nach der eine Sternwarte in Wien benannt ist, trug einen Himmelsglobus vor sich her, um die Menschen an die Harmonie des Himmels zu erinnern.

Die drei Moiren waren mächtige Schicksalsgöttinnen, sie entschieden über das Los der Menschen. Selbst Zeus durfte da nie eingreifen, sondern er maß nur auf seiner Waage nach, um zu erkennen, was die Moiren bestimmt hatten. Diese spannen auch unerbittlich den Lebensfaden jedes einzelnen Menschen und bestimmten, wie lange ein Mensch leben durfte.

Tyche, die Göttin des Zufalles, hält in ihren Händen ein Füllhorn voll reicher Gaben, die sie mit verbundenen Augen wahllos über die Menschen ausgießt. So trifft der Reichtum manchmal die Gerechten, manchmal auch die Ungerechten, die Faulen ebenso wie die Fleißigen.